Lozenzetti

Curso de Política Pela Internet Para Candidatos e Eleitores

Como Enganar ou Não Ser Enganado Na Política Feita Através Das Redes Sociais!

Jair Lorenzetti Filho

ISBN: 9798458636155

Sumário

AS MELHORES MÍDIAS SOCIAIS E REDES SOCIAIS PARA A DEMOCRACIA CIBORGUE

PERORAÇÃO

O Autor

Nasci na cidade de São Paulo, São Paulo, Brasil. Sou parte de uma tradicional família brasileira do seguimento industrial, sou filho do empresário Jair Lorenzetti, (já falecido), um pioneiro e tradicional empresário da indústria eletroeletrônica nacional da linha marrom, com diversas condecorações e reconhecimentos (Medalha de Anchieta, Salva de Prata entre outros). Pelo lado materno, sou descendente do alemão-brasileiro Pedro Döll, engenheiro descendente de alemães, que vieram junto com a corte da Imperatriz Leopoldina, para projetar as principais obras do império na cidade de São Paulo, chegando a ser vereador no então município de Santo Amaro. Sou descendente dos pintores italianos da escola de Siena: Pietro e Ambrogio Lorenzetti.

Pode me chamar de "Lorenzetti". Meu sobrenome é famoso, porém minha carreira profissional nada teve a ver com ele, meus méritos são todos pessoais. Eu ingressei muito precocemente na indústria da tecnologia de informação (informática) e trabalhei em empresas de tecnologia, incluindo algumas maiores e mais importantes big techs do planeta, dos EUA e Europa respectivamente, onde, além de minhas duas graduações e um mestrado, em cursos e universidades de primeira linha brasileiras, realizei dezenas de academias técnicas e funcionais nestas big techs, pelas quais trabalhei, com experiência de trabalho nos EUA e Europa. No período como engenheiro de sistemas, PMP e CIO. Posteriormente me tornando CEO.

Depois, já com uma grande bagagem adquirida na fase anterior de minha carreira acabei me tornando CEO de empresas de capital aberto e fui convidado também a me tornar, time-sharing, Council Member em dois prestigiados grupos o GLG - Gerson Lehrman Group e o CRG - Coleman Research Group, ambos nos quais você só entra por convite ou uma ótima indicação. Isso ainda como membro do CRA – São Paulo, desde a graduação.

Durante minha carreira fui multipremiado por minhas realizações, bem como participei de diversos eventos, como palestrante e de eventos para líderes nacionais por verticais, muito selecionados. Tive dezenas de matérias ao meu respeito e realizações na mídia especializada e fechei este ciclo com bastante sucesso. E ainda prossegui como Council Member pelo GLG e CRG, atendendo hedge funds, fundos de private equity, bancos de investimento), empresas de consultoria empresarial, corporações e organizações sem fins lucrativos em todo o mundo.

A Política quântica, a Democracia ciborgue e a Pós-Verdade, em meus anos de big techs, bem como as inteligências artificiais, bolhas de filtro, câmaras de eco, automações, integrações com sistemas de monitoramento político de redes sociais e agências de marketing digital são parte de meu currículo pessoal.
Nas consultorias internacionais atendendo hedge funds, fundos de private equity, bancos de investimento), empresas de consultoria empresarial, corporações e organizações sem fins lucrativos em todo o mundo, atendo inclusive empresários, investidores e conselheiros de administração da oligarquia econômica global.

Por fim tenho acesso a uma gama muito grande de empresários, investidores, associações de classe patronais, que são quem de fato decidem, por enquanto, as coisas em termos políticos e econômicos no Brasil, a oligarquia econômica local.

Por conta disso me julgo muitíssimo bem qualificado tanto em conhecimento, assim como por currículo e experiências, para tratar de assuntos relacionados a negócios-política-tecnologia, em meu site e em meus livros. Não sou um teórico "pesquisador", sou um pragmático com qualificação acadêmica em muita experiência.

Fui responsável por dezenas de projetos de Tecnologia de Informação pioneiros no Brasil, bem como novas práticas no campo da gestão empresarial. Neste período fui destaque constante na mídia corporativa de tecnologia e negócios, tendo recebido diversas premiações e sendo palestrante nos principais eventos de Tecnologia de Informação do Brasil na época. Fui também destaque da revista do Conselho Regional de Administração na edição comemorativa de 45 anos dele.

Palestrei em diversos eventos locais e virtuais de gestão empresarial. Já no nos anos dois mil fui o primeiro CIO brasileiro, em uma empresa de capital aberto, a ser promovido para a posição de CEO, tendo sido inclusive destaque em diversas matérias na mídia corporativa.

Em 2019 criei o projeto Lorenzetti.info (www.lorenzetti.info) onde passei a fazer uma série de análises publicas pioneiras abordando negócios x política x tecnologia, tais como Política quântica, Democracia ciborgue, Pós-Verdade, Fake News, Manipulação Digital, Modulação virtual por Inteligências Artificiais entre vários outros temas. O projeto também aborda a questão social e ambiental, como Agenda ESG, Liberalismo Verde, Economia Circular, Sustentabilidade entre outros. Muito esporadicamente participo de programas virtuais webinars e poadcasts abordando a tríade negócios x política x tecnologia uma visão em 3D. Sou fonte velada e muito plagiada de informação e inspiração, para diversos jornalistas, escritores e influenciadores digitais. Atuo pontualmente em movimentos políticos e sociais. Sou membro do Partido Verde brasileiro e "bugio" do Greenpeace Brasil.

Em 2021 estreei também como escritor publicando livros sobre diversos temas. Escrevi 12 livros em 15 idiomas vendidos em 5 continentes.

Prelúdio

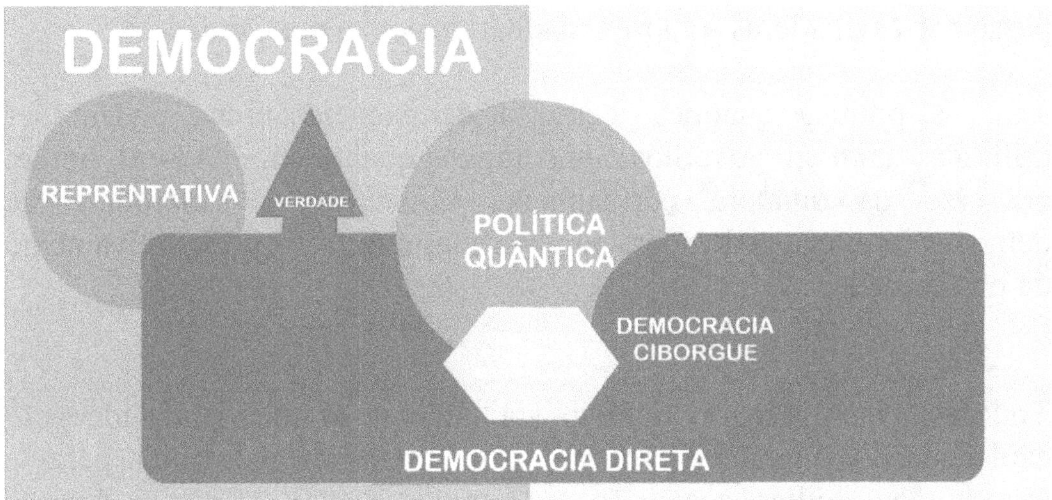

Basicamente temos dois tipos de regimes de governo no planeta, as democracias, que apesar de não serem realmente democracias, é o mais próximo que existe de uma no campo da realidade.

De outro lado existem as ditaduras, onde pode até haver processos sucessórios, como a Coréia do Norte e alguma democracia como na China, mas muda o governante e o regime permanece o mesmo.

A democracia representativa é o modelo mais aceito no mundo ocidental, de tradição iluminista, onde o provo elege diretamente ou indiretamente seus representantes para governá-los, porém os representantes são intermediários entre os eleitores e o governo, na maioria das vezes não havendo interação direta entre eleitores e representantes, nas ações destes quando empossados no dia a dia.

Desde o mundo digitalizado, a ideia da democracia direta, ateniense, passou a ser viabilizada novamente, uma vez que a internet propicia contato direto online entre eleitores e seus representantes. Este é o núcleo central deste curso.

Já a política quântica já existia antes da democracia direta, porém só ficou plenamente viabilizada pela democracia direta.

A democracia trabalha basicamente sobre a verdade e a ciência, ao passo que as ditaduras sempre trabalharam com a pós-verdade.

Tanto a política quântica, como a democracia direta, podem ser utilizadas tanto em governos democráticos quanto em ditaduras, porém no caso da ditadura normalmente utilizam um subproduto da democracia direta, a democracia ciborgue, que faz uso exclusivamente da pós-verdade.

Todo este novo cenário político via internet só foi viabilizado pelo capitalismo de vigilância, controle e manipulação, construído pelas e através das mídias sociais e suas redes sociais. Com poderosas inteligências artificias, aplicando as melhores práticas científicas para obtenção de objetivos econômicos e, portanto, também políticos.

Revisando Maquiavel e Sun Tzu Para o Mundo Digital

Os manuais mais usados pelos políticos são "O Príncipe" de Maquiavel e "A Arte da Guerra" de Sun Tzu. O segundo nunca existiu de fato, o livro é uma compilação de vários autores diferentes de diferentes épocas, mais ou menos como a bíblia católica.

Ambos foram escritos em épocas na qual a escrita era a única forma de comunicação, além da fala, com foco no modus operandi ideal de imperadores, reis ou quem estivesse no topo da hierarquia do poder.

Os fundamentos de ambos, principalmente Maquiavel, ainda são válidos nos dias de hoje, porém as práticas, com o mundo digital, mudaram totalmente.

Um dos objetivos deste curso é a aplicação do "Príncipe" e "A Arte da Guerra" na democracia direta digital e nas suas práticas dentro do mundo dominado pelas mídias sociais.

Ao longo do curso você vai ver várias aplicações de Maquiavel e Sun Tzu, na prática da democracia direta digital, que é bastante diferente da democracia direta ateniense, pois ela necessariamente tem que se parecer com a democracia representativa iluminista, apenas para que as pessoas acreditarem que ,votando, terão a chance de praticar a democracia, mesmo que seja apenas uma fantasia pueril.

Revisando a Democracia direta Ateniense para o Mundo Digital

Uma democracia direta é qualquer forma de organização na qual todos os cidadãos podem participar diretamente no processo de tomada de decisões. As primeiras democracias da antiguidade foram democracias diretas. O exemplo mais marcante das primeiras democracias diretas é a de Atenas (e de outras cidades gregas), nas quais o povo se reunia nas praças e ali tomava decisões políticas. Na Grécia antiga o "povo" era composto por pessoas com título de cidadão ateniense. Porém, mulheres, escravos e mestiços não tinham direito a esse título, exclusivo para homens que fossem filhos e netos de atenienses.

O objetivo de evocar a democracia direta digital, através das mídias sociais, é basicamente para dar a ilusão para os eleitores de que a democracia representativa tradicional não seria mais viável e que os governantes, teriam canal direto de comunicação com seus governados, fazendo um governo do povo pelo povo.

Neste ponto a democracia direta digital pode se dividir entre a cyber utopista e a protofascista, a segunda apenas um caminho oculto para um governo totalitário, sem nenhuma democracia. Porém ambas precisam ser conceitualmente incoerentes, pois estão a serviço da democracia representativa de fato, atrás dos votos dos eleitores para chegarem ao poder.

Na prática há uma bifurcação de caminhos na democracia digital em relação aos seus objetivos. Enquanto o cyber utopismo objetiva manter o modelo de democracia representativa iluminista ocidental tradicional, apenas usando a democracia direta para eleger seus representantes, mesmo sem que na realidade não haja interação direta deles com seus eleitores. Mas os eleitores precisam acreditar que de fato têm acesso direto aos seus representantes e, portanto, ao poder e governo.

Já a democracia direta protofascista, é uma tradição fora do mundo ocidental, na qual há governantes vitalícios ou quase isso, com práticas formalmente totalitárias e governo.

Mas não se engane, apesar delas se bifurcarem quanto a forma de governo "democrática" ou "totalitária", ambas visam apenas um capitalismo de vigilância, controle e manipulação, propiciado pela tecnologia das mídias sociais, com seus algoritmos de inteligência artificial.

Existe uma oligarquia econômica global, a qual desde os anos sessenta vem reduzindo o papel dos "grandes empresários" há presidentes de conselho, com direito a voto, porém com diversos sócios institucionais, que possuem ações da empresa e estão representados nos conselhos, também com direito a voto.

Esta oligarquia econômica global não atua diretamente, mas sim através de hedge funds, fundos de private equity, bancos de investimento etc. Ficando menos expostos e correndo menos riscos que os empresários tradicionais, atuando apenas nos bastidores. São os investidores institucionais. Os investidores institucionais se tornaram os principais proprietários de ações e de fato são eles que controlam o mundo, independente de que países sejam eles. Eles minimizam os riscos dos negócios e os riscos políticos, com esta composição, pois tem flexibilidade e liberdade completa para mudarem suas participações institucionais de acordo com seus interesses.

Esta oligarquia econômica global, bastante discreta, são os reais comandantes da economia e política global. Eles têm empresários, executivos, políticos etc. trabalhando para eles, incluindo aí das big techs, as megacorporações de tecnologia. E esta oligarquia econômica global controla estas empresas, que controlam as pessoas, com um novo capitalismo de vigilância, controle e manipulação, dominando assim a economia e a política através da democracia direta digital, a qual inclusive manipula, através modulação vias inteligências artificiais, o mercado de capitais e a política em todo planeta.

Deste modo não importa quem, nem onde e como os governantes a serviço deles estejam, pois todos servem aos mesmos investidores. Portanto falar em ideologias de esquerda ou direita, é apenas um recurso maniqueísta zoroastrista (como o usado nas religiões) para modulação algorítmica das inteligências artificiais e programação das opiniões e ações das pessoas.

Que fique entendido então que tanto faz direita ou esquerda, para a democracia direta digital, pois ambas estão a serviço do mesmo grupo no topo da pirâmide econômica global.

A democracia direta digital, executada na forma de política quântica, democracia ciborgue e utilizando a pós-verdade, evocando uma programação das pessoas baseada em emoção e fé, é essencial para as inteligências artificiais modularem as pessoas longe da razão. É o motivo por que a internet nos trouxe uma nova era das trevas, que é tema de outro livro meu "O Mundo Assombrado Pela Internet".

Basicamente, como Maquiavel já ensinou, este é o modo do "Príncipe" comandar seus súditos, só que agora no mundo digital.

As Premissas da Democracia direta Digital

Este capítulo pode ser um choque de realidade, para quem é eleitor, mas é de pleno conhecimento de quem é político, mesmo que ele negue "por três vezes diante do espelho".

A humanidade é comandada por "uma dúzia de pessoas" e o resto apenas seguem as ordens. Este fato já foi abordado no capítulo anterior, portanto não vamos nos estender neste ponto neste capítulo.

Outra questão que é premissa para praticar a democracia direta, é ser ateu em privativo e religioso em público, ou seja, você não pode ter fé, mas precisa demonstrar fé para o eleitorado, já que é basicamente a única coisa que a maioria deles pode ter na vida.

O hebetismo é a característica comum a quase totalidade da humanidade, incluindo aí muitos pós-doutorados, já que estamos falando de política e não inteligência ou qualificação.

Portanto as pessoas nada mais são do que um rebanho, o qual você precisa conduzir para o seu pasto, para que possa ser eleito, não importa como, os fins sempre justificam os meios.

Não existe político que não seja politizado, portanto não existem "vilões e mocinhos", mas "vilões bons" ou "mocinhos ruins", mas são apenas personagens para o teatro da democracia direta digital.

A grande maioria das pessoas por natureza são dualistas maniqueístas, ou seja, passionais, de modo que você precisa ser racional para tirar proveito disso, modulando este maniqueísmo zoroastrista do Avestá. Você deve acender uma vela para Bem (Aúra-Masda) e o Mal (Arimã), e mostrá-la para os seguidores de um e do outro separadamente, deixem eles brigarem entre si. Da luta entre essas divindades, sairia vencedora a divindade que representa o bem, a Aúra-Masda. O segredo é que qualquer uma das duas, pelo menos para você, pode ser o Aúra-Masda, isso depende apenas de qual tiver mais eleitores e, portanto, votos e vencer a luta.

As pessoas já possuem uma série de preconceitos, que foram adquiridos aos longos de suas vidas, os quais não adianta você se preocupar em mudá-los, não adianta, seria ingenuidade crer que as pessoas realmente mudam. Você deve usar estes preconceitos para modular as pessoas de acordo com seus interesses, para que sejam seus eleitores. Não se preocupe com o que eles pensam, a única utilidade deles é o voto.

Sendo honesto, na democracia direta digital, a única coisa honesta que pode ser dita é que não existe honestidade.

Agora pode ir tomar um timo analéptico de sua preferência.

A Democracia Representativa No Mundo Digital

Democracia representativa é o exercício do poder político pela população eleitoral feita de maneira indireta (ao contrário da democracia direta), mas através de seus representantes, por si designados, com mandato para atuar em seu nome e por sua autoridade, isto é, legitimados pela soberania popular. Pela impossibilidade da participação pessoal de todos que façam parte de uma comunidade, por excederem as proporções da mesma, tanto geográficas como em número, é o ato de eleger um grupo ou pessoa que os representem e que se juntam normalmente em instituições chamadas Parlamento, Câmara, Congresso ou Assembleia ou Cortes.

O conceito moderno de Democracia política no Ocidente é este, a da democracia representativa dominada pela forma de democracia eleitoral e plebiscitária, e na sua maioria é dirigida para aquela que chamamos Democracia liberal que dela faz parte. Embora, apesar de sua aceitação bastante generalizada desta última, sobretudo no pós-Guerra Fria, ser apenas uma das formas de representação balanceada de interesses, compreendida num conceito global de isonomia. Usualmente esse lugar de representante, de um povo ou uma população ou comunidade de um país ou nação, para agir, falar e decidir em "nome do povo", é alcançado por votação.

Este é basicamente o conceito iluminista enciclopédico da democracia representativa tradicional, mas no mundo digital ele mudou um "pouquinho".

A democracia representativa, depois do surgimento da política quântica, entre o começo deste século e o final do século anterior, deixou de ser subjetiva ou sorte, para ser objetiva e exata. Mesmo antes do início da internet disponível massivamente, com recursos da mídia tradicional, meios de comunicação tradicionais, institutos de pesquisas tradicionais, marketing tradicional e poucos computadores conectados por redes, já começou a produzir os primeiros resultados práticos eleitorais.

Assim as campanhas tradicionais que envolviam televisão, rádio e mídia impressa, pouco eficientes por serem propagandas sem nenhuma interação com o público-alvo, passaram a ser substituídas por algoritmos baseados em programas de computadores, mesmo que ainda não inteligências artificiais.

Isso começou nos EUA, tanto por parte de Democratas quanto Republicanos, porém convergiu para o mesmo modus operandi do leste europeu, das ex repúblicas soviéticas, que possuíam ainda o DNA totalitários do capitalismo de estado (que alguns chamam equivocadamente de socialismo), com um elevado expertise em vigilância, controle e manipulação de pessoas.

Também os países europeus, com passados relacionados aos movimentos nacionalistas populistas como fascismo, nazismo, salazarismo, franquismo etc. Assim como diversas cópias que eclodiram no oriente, américas central e do sul e África, a vigilância, controle e manipulação, do capitalismo de estado já era uma tradição. De fato, tudo o que as pessoas erroneamente chamam de socialismo, capitalismo e os pontos na linha que conecta ambos são basicamente capitalismo de estado e capitalismo liberal, podendo ainda haver o capitalismo misto, chamado capitalismo de compadrio. Mas a humanidade sempre foi capitalista desde a época em que habitavam cavernas. Somente as variações dos modelos econômicos, mesmo antes da moeda, com as trocas, é que prevaleciam sobre qualquer ideologia política ou religião. É o modelo de poder econômico que sempre definiu a política e não o contrário.

Assim a vigilância, manipulação e controle sempre foi presente em maior ou menor grau ao longo da história econômica da humanidade nas diversas variações do capitalismo, mesmo que polarizados entre capitalismo de estado e capitalismo liberal. Ambos são basicamente a mesma coisa, uma oligarquia econômica que comanda a política seja ela autodeclarada capitalista ou socialista, direita ou esquerda, democrática ou totalitária etc.

O socialismo e o comunismo não passam de utopias, construídas por intelectuais utopistas, sem nenhum pragmatismo econômico e por consequência político. Estão basicamente na mesma categoria dos "contos de fadas" e religiões, não passando de "estórias".

No mundo digital, da democracia direta, onde a política quântica orquestra a democracia ciborgue que usa todas as armas mais ardilosas já criadas, como a pós-verdade, através de inteligências artificiais fracas (ainda sem processamento quântico) mas poderosas, através das mídias sociais que possuem todas as informações possíveis sobre as pessoas, sendo capazes de modulá-las dedutivamente e indutivamente, os eleitores e seus votos passaram a ser algoritmos de tecnologia de informação.

Nas mídias sociais as pessoas são agrupadas dentro de bolhas de filtro, baseadas basicamente em seus preconceitos, no sentido mais amplo da palavra. Elas são moduladas, através de maniqueísmo dualista, em câmaras de eco, pelos algoritmos das inteligências artificias, sendo peças de um tabuleiro de xadrez digital, jogado pela oligarquia econômica global, onde existem algumas poucas peças nobres, mas a grande maioria são peões.

Deste modo é que a democracia representativa passou a funcionar, sobre uma aparente liberdade democrática de escolha, as pessoas são moduladas (através de polarização maniqueísta passional), de modo completamente científico e racional pelas mídias sociais, para "democraticamente" fazerem as escolhas para as quais foram programadas.

É um ROI – Return Over Investment, no qual a oligarquia econômica global, que não tem opiniões políticas unânimes, apenas econômicas, decidem investir em vigilância, controle e manipulação para eleger os políticos que a representem. Assim é que há a variação de investimentos entre políticos de esquerda e direita, de acordo com conveniências geográficas e econômicas desta "uma dúzia" de pessoas que mandam no planeta.

Os políticos são como os executivos das empresas, trazendo bons EBITDA (Lucros antes de juros, impostos, depreciação e amortização), são bem remunerados e as vezes até promovidos. Quando não, são sumariamente demitidos.

Alguns políticos, como ocorreu aqui no Brasil, com o Collor, Lula-Dilma e Bolsonaro, quando produziram resultados negativos para as oligarquias econômicas locais, acabaram sendo demitidos por elas, é basicamente como o mercado de trabalho da iniciativa privada. Porém, com a globalização, mesmo políticos como os próprios Lula e Bolsonaro as vezes voltam, mesmo tendo trazido péssimos resultados locais, mas geraram ótimos resultados globais, principalmente no mercado de capitais global, onde a elite econômica global tem seu "ganha pão" Isto mesmo que as custas do aumento de concentração de renda, desigualdade social, crise econômica e sanitária e uso não sustentável do meio ambiente localmente. Por esta razão, sempre existe a possibilidade de volta de um destes "ex executivos" da oligarquia econômica global, mesmo com seus "malfeitos" locais, em suas gestões anteriores.

O fato é que com a globalização, a oligarquia econômica global, os cidadãos do mundo, tem seus investimentos financeiros, patrimônios físicos e interesses globalizados, de modo que não há um nacionalismo de fato, eles apenas podem se valer de um nacionalismo como estratégia político eleitoral, como fazem principalmente os "protofascistas" e "socialistas" que se posicionam nos extremos políticos.

O real interesse da oligarquia econômica global é que continuem com sua crescente concentração de renda, aumentando a eficiência e eficácia dos seus investimentos, nas "verticais" econômicas, com custos e despesas cada vez menores, de modo que pessoas cada vez mais pobres, possam consumir cada vez mais produtos e serviços melhores e mais baratos. Redução da concentração de renda e impostos sobre grandes fortunas, dividendos e até pró-labores, está completamente fora de questão econômica e politicamente. Mas servem bem aos discursos dos políticos que se autodeclaram socialistas, como o nosso Lula, apesar de sua prática em 15 anos de poder (Lula-Dilma), pouco ou nada ter feito neste sentido, além de populismo barato e melhorias econômicas de "voos de galinha", para a maior parte da população brasileira.

Já os protofascistas, como o nosso Bolsonaro, preferem atuar em forma de distopia política, usando os preconceitos, insegurança e medo das pessoas contra mudanças (evolução), pregando um conservadorismo que de fato não praticam e praticamente não existe no mundo real.

Porém ambos são capitalistas de estado, que aceitam trabalhar em parceria com o capitalismo de compadrio e até com o capitalismo liberal. Tudo depende da remuneração destes "executivos" e seus asseclas.

Terminamos este capítulo apenas ressaltando que, a democracia representativa iluminista, se de fato algum dia existiu, hoje não passa de um reality show pautado e patrocinado, visando apenas a audiência e eleger seus vencedores. Um grande Big Brother econômico e político.

A História da Política quântica Pré Mundo Digital

Arthur Jay Finkelstein (18 de maio 1945 - 18 de agosto de 2017) de Nova Iorque, do Partido Republicano (GOP) foi um consultor que tinha trabalhado para conservadores candidatos e de direita nos Estados Unidos, Canada, Israel, Central e Europa Oriental nas últimas quatro décadas.

Com seu irmão, Ronald, ele dirigia uma empresa de consultoria e pesquisa política com sede em Irvington, Nova York. As especialidades de Finkelstein foram pesquisa, estratégia, mensagem, mídia, posicionamento de anúncios e aconselhamento sobre gerenciamento geral de campanhas.

Vamos conhecer a lista (parcial) om alguns dos clientes deste misterioso consultor:

· Ex-presidente dos EUA Richard Nixon (1971–72);
· Ex-presidente dos EUA, Ronald Reagan (1976–84);
· Atual primeiro-ministro israelense Benjamin Netanyahu (1996, 1999);
· Primeiro Ministro Israelense Ariel Sharon (2001);
· Político israelense Avigdor Lieberman (2009–17);
· Prefeito de Jerusalém Nir Barkat (2008);
· Primeiro-ministro húngaro, Viktor Orbán;
· Primeiro-Ministro do Kosovo, Hashim Thaçi;
· Primeiro-ministro búlgaro Sergey Stanishev;
· Primeiro-ministro tcheco Mirek Topolanek;
· O ex-primeiro-ministro romeno Călin Popescu-Tăriceanu;
· Presidente do Azerbaijão Ilham Aliyev (2012–17);
· Senador dos EUA Orrin Hatch (1976–82);
· Ex-senador americano James L. Buckley (1970–80);
· O ex-senador americano Jesse Helms (1972–84);
· Ex-senador dos EUA Strom Thurmond (1978);
· O ex-senador americano Gordon Humphrey (1978–84);
· A ex-senadora dos EUA Connie Mack III (1982–94);
· O ex-senador americano Larry Pressler (1996);
· O ex-senador americano John East (1980);
· O ex-senador dos EUA Roger Jepsen (1978–84);
· Ex-senador dos EUA Alfonse D'Amato (1980–98);
· O ex-senador dos EUA Rudy Boschwitz (1996);
· O ex-senador americano Lauch Faircloth (1992–98);
· O ex-senador americano Bob Dole;

· O ex-senador dos EUA Don Nickles (1980–92);
· O ex-senador americano Bob Smith;
· O ex-senador dos EUA Bill Roth (1994-2000);
· O ex-governador de Nova York George Pataki (1994-2002);
· Representante dos EUA George Holding (2012–16);
· Ex-representante dos EUA Mickey Edwards;
· O ex-representante dos EUA Gerald Solomon;
· O ex-representante dos EUA Jack Kemp;
· Denny Smith, ex-representante dos EUA (1980–90);
· Ex-representante dos EUA Carroll Campbell (1978);
· Ex-representante dos EUA Bill Cobey (1984–86);
· Ex-representante dos EUA Robert K. Dornan;
· Ex-representante dos EUA Duncan L. Hunter (1980);
· Ex-representante dos EUA, agora senador dos EUA Patrick Toomey (2004);
· Ex-representante dos EUA e procurador-geral da Flórida Bill McCollum (1980-2010);
· Ex-representante dos EUA Elton Gallegly;
· Ex-representante dos EUA Connie Mack IV (2004–12);
· Ex-representante dos EUA Mary Bono Mack (2008–12);
· Ex-representante dos EUA Rick Lazio, candidato a Governador de Nova York
· Ex-Embaixadora da ONU Jeane Kirkpatrick (1985–87);
· O ex-vice-governador do Texas David Dewhurst (1994-2006);
· Ex-senador do estado da Califórnia Ed Davis (1986);
· Terry Dolan é o Comitê Nacional de Ação Política Conservadora (NCPAC) (1975–87);
· Bill Binnie, candidato de 2010 ao Senado dos EUA de New Hampshire (2010);
· Revista Time;
· Scott Paper;
· McDonald's;
· Quaker Oats;
· Publicações da razão;
· The Trump Organization;
· Oponentes do novo estádio no West Side de Manhattan.

Filho de judeus e homossexual, reservado e obcecado pela descrição. Comparado ao personagem Keyser Söze, do filme "Os Suspeitos" que ninguém jamais encontrou pessoalmente. É considerado digno do cinema de Hollywood, um personagem capaz de abater o adversário mais forte, mais tão secreto que pouquíssimos tiveram a chance de vê-lo pessoalmente.

Foi o pioneiro no método de microtargeting, análises demográficas sofisticadas e sondagens de boca de urna entre os eleitores nas primárias, que permitiam identificar grupos para os quais deveriam enviar mensagens segmentadas. Mesmo antes das redes sociais, Finkelstein já utilizava maciçamente as cartas em papel e o telemarketing para mapear partidários potenciais para seus clientes. Para uns envia mensagens mais moderadas e com outros acentua aspectos do programa ou da personalidade do candidato. Ele é o pioneiro pré-algoritmo, no marketing político personalizado.

Porém, outra grande característica da Democracia ciborgue e Pós-Verdade (falaremos de ambas nos próximos capítulos) que ele desenvolveu foi uma técnica não de promover seus candidatos, mas de destruir seus oponentes. São as negatives campaigns, que se lançam ao ataque jogando nos ventiladores os "defeitos" de seus oponentes. É o demolidor de adversários, especializado em ser consultor de políticos sem competência e até com enormes telhados de vidro.

Foi um líder e influencer na geração de "spin doctors" dos círculos de poder político, que foram responsáveis pelas eleições de George W. Bush e Donald Trump.

Finkelstein também atuou bastante na Europa e Oriente Médio, especializando-se em atacar progressistas e liberais piedosos do mundo inteiro, e defender líderes populistas nacionalistas (com currículos para lá de problemáticos) apenas ressaltando o patriotismo (em todos os países) e serem tementes a Deus (todos os deuses, não importando qual). Ele fez carreira nos países do antigo império soviético, com suas campanhas difamatórias e usando imagens e analogias chulas propositadamente para debochar de seus concorrentes e fazer sua base de "resignados e problemáticos" rirem dos mesmos.

Seu grande projeto foi ao lado de Viktor Orban, na Hungria, onde mesmo antes das redes sociais, já aplicavam as mesmas metodologias de ataque, da Democracia ciborgue e Pós-Verdade, antes até dos pioneiros Movimento 5 Estrelas e La Liga do Norte chegarem começarem a democracia direta já toda virtualizada. Orban comandou a Hungria entre 1998 e 2002, tornando desde então o Fidesz, um partido nacional-conservador de direita que é, atualmente, o maior partido político da Hungria. Desde 2010 é o primeiro-ministro da Hungria sendo um mentor de líderes populistas conservadores de vários outros países.

O pioneiro projeto nacional populista de Orban, arquitetado por Finkelstein, não apresenta a sua vitória como uma simples alternância, mas como um prelúdio da revolução que permitiu ao povo finalmente tomar o poder. Um manifesto pela cooperação nacional, no qual "o trabalho, o lar, a família, a saúde, a religião e a ordem" são indicadores de um novo sistema nascido da vontade popular. Tudo reescrevendo as leis, fazendo a justiça se submeter ao executivo.

Neste modelo de Política quântica, é a cidadania como um todo é a mobilização permanente pela "luta em prol da libertação nacional". Deste modo, quando surgem problemas de corrupção e notórios episódios de incompetência na gestão, ele muda o debate e, direção a pena de morte por exemplo.

Passam o tempo todo criando inimigos invisíveis (imaginários bem quixotescamente), também criando "manchetes burlescas" dizendo e agindo como atores das pornochanchadas brasileiras dos anos setenta. Como dizem os jovens: "sempre causando".   Para Finkelstein a realidade nunca o abatia, pois, para ele, a coisa mais importante: o que você percebe como verdade é que é a verdade.

Para eles a máxima de Maquiavel: "jamais deixe passar uma crise" é regra de governança. Comandando a Hungria por muito tempo, a dupla Orban e Finkelstein se torna um "bunker" do nacional populismo para influenciar outros países europeus. Como seus seguidores futuros, os políticos italianos, ingleses, norte-americanos e brasileiros, eles são oportunistas. Inclusive o manual de conduta para os eleitos do Movimento 5 Estrelas, na Itália, segue o mesmo manual populista básico de Finkelstein. O Vade Mecum dele diz claramente: Nós somos a saída para a resignação, à raiva e o medo. Este mesmo modelo se reproduziu em todos os demais países, de maneira basicamente igual, onde o nacional populismo venceu as eleições posteriores, na segunda década do século XXI.

Apesar de utilizar tecnologia de informação em seus trabalhos, pela ausência da interatividade online da internet e os recursos de vigilância, controle e manipulação one-to-one das mídias sociais, este é o modelo pré mundo digital da política quântica, que precisa necessariamente da democracia direta, proporcionada justamente pelas mídias sociais, para ter a eficiência e eficácia almejada pela oligarquia econômica global e seus políticos executivos "profissionais de mercado".

A História da Democracia Direta Digital

A Itália, de certo modo é o país moderno que possui as maiores heranças culturais do império ou república romana. Isto inclusive no comportamento latino greco-romano, que está na raiz de boa parte da cultura latina e na cultura ocidental.

Em termos de justiça, temos o "Direito Romano" e Operação Mani Pulite, em termos de política o gramscismo e o fascismo, em termos de líderes políticos populistas Mussolini, Berlusconi e Conte, entre muitos mais. O carnaval tem origem na Itália bem como o comportamento burlesco é muito popular por lá. É também com uma forte tradição de corrupção institucionalizada com a conjunção do capitalismo de estado e de compadrio em constante sincronia. A mídia italiana no geral apresenta um estilo "populacho" bem voltado a um sensacionalismo, justiceiro e chulo. Até o humor italiano é caracterizadamente tosco. E a Itália é, sem dúvida, a "Meca" dos escândalos políticos sem fim.

O pettegolezzo (fofoca, a avó das fake news) é uma grande tradição italiana tanto nas ruas quanto na mídia. E naturalmente a Itália é um país de muita tradição no eixo direita, conservadora, cristão, "famiglia" (um pouco mais amplo que as nossas famílias) e muito ligado a sociedades secretas como a maçonaria, rosa cruzes etc. E a máfia (que aqui chamamos de milícias e crime organizado), os "mafiusu" existem desde a época medieval. Só para lembrar alguns: Cordopatri e Cosa Nostra (com ramificação global e atuante no mercado de capitais.). A Itália chegou a ser inclusive "exportadora" de mafiosos: Al Capone, Lucky Luciano, Don Saro e Tomaso Buscetta.

Esta pequena visão da Itália já demonstra claramente que ela tem a tradição e prática em todo pré-requisito da democracia ciborgue e pós-verdade, sendo lá o primeiro laboratório deste modelo que se tornou um padrão "world class" na nossa democracia direta digital atual.

Os modelos políticos italianos, desde a segunda guerra mundial seguiram em maior ou em menor a receita populista protofascista de governo muito apoiada em estratégias gramscistas de difusão, organização e controle (muito similares as bolhas de filtragem das redes sociais e grupos secretos da democracia ciborgue).

Outra característica é que os políticos e empresários italianos sempre atuaram se confundindo em seus papéis no capitalismo de compadrio e capitalismo de estado simultaneamente. Principalmente nas empresas de mídia, o domínio da direita italiana sempre as controlou tanto como estatais como privatizadas.

E ainda existe o apoio da "máfia" e ordens secretas no que tangem a questão de "influência" e práticas não legalizadas de ações da direita italiana. Até o Vaticano andou enrolado em corrupção lá na vizinhança.

O Judiciário Italiano, um grande formador de políticos na Itália, se destacou na década de noventa pela operação "Mani Pulite" (Mãos Limpas) onde atuou de maneira não ortodoxa, no direito romano, por vezes fazendo "justiça sem limites" e utilizando fontes "peculiares" como a própria máfia, ordens secretas e até o teleprocessamento (modelos pré-padronização da internet) que havia disponíveis por estatais italianas. Posteriormente passou a utilizar a internet e até fontes anônimas desta, inclusive anônimos, trolls, fakes e sockpuppets). A justificativa para os "excessos" do "Mani Pulite" era justamente o direito alcançar poderosos corruptos que normalmente o direito "tradicional" não conseguiria alcançar.

Para termos uma ideia de cronologia, isto começou na década de noventa, onde a internet estava apenas começando como padrão global e disponível apenas em meios acadêmicos. Deste modo a democracia ciborgue surgiu ainda nos primórdios da internet, mas já com as centrais de "BBS" e "Videotel" onde os primeiros anônimos já desenvolviam o que seria a prática da pós-verdade com as primeiras fake News de curto alcance ainda.

A SIP - Sociedade Italiana para o Exercício da Telecomunicazioni SpA (antes de 1985 SIP - Sociedade Italiana para a Operação Telefônica) era a principal empresa de telecomunicações italiana (pertencente ao grupo IRI), ativa desde 1964, e então ser transformada em Telecom Itália SpA em 1994.

Em abril de 1990, a SIP colocou em funcionamento o novo sistema de rádio móvel analógico ETACS: o sucesso alcançado pela SIP com a introdução desta nova rede foi tal que se tornou o operador europeu de rádio móvel com maior número de assinantes.

Em 1991, a SIP ativou a rede ISDN digital integrada de voz e dados. Em outubro do mesmo ano, em Roma, a experimentação da rede de rádio móvel digital GSM começou, então lançada comercialmente em 1995. No final de 1993, os usuários SIP eram mais de 24 milhões. 58% das ações da SIP eram detidas pela STET. Em 1994, a SIP mudou seu nome para Telecom Itália em vista da privatização subsequente.

Assim como o Brasil, que ficou pelo caminho em termos de tecnologias de telecomunicações, com as privatizações do FHC, ficou para trás, à Itália nos anos oitenta já possuía conectividade de computadores e uma rede nacional, o Videotexto. O Videotel era o videotex da SIP - Sociedade Italiana para o Exercício das Telecomunicações, o antigo monopólio telefônico italiano agora fundido com a Telecom Itália. Experimentado desde 1981 se tornou operacional em 1985. Semelhante ao Minitel francês, o sistema italiano de videotex não conseguiu replicar seu sucesso, terminando em desuso em meados da década seguinte.

Eu fui um dos pioneiros, ao lado do falecido Alexander Mandic, em teleprocessamento no Brasil, de modo que usei profissionalmente as BBS, Videotexto, Renpac, STM-400 e muitas mais redes de telecomunicações da época.

Nas centrais do Videotel italiano, da estatal telefônica SIP, foram criadas as primeiras redes sociais, messengers, chats, grupos fechados, games, agências de notícias, bate papos com bolhas de confinamento, câmaras de eco, manipulação e modulação digital, mas com inteligência humana, pois os hardwares da época ainda não permitiam o uso da IA comercialmente. Havia alguns algoritmos bem simples utilizados na rede, porém você conseguia os encontrar disponíveis até em livros sobre informática da época.

O Partido da Democracia Cristã Italiano, um tipo de MDB do período da ditadura militar brasileira, o partido "pega tudo" da extrema esquerda a extrema direita, foi o primeiro a usar, com alcance reduzido, milicianos virtuais anônimos nas salas de bate papo, grupos e redes sociais do Videotel. Não significa que foi em razão disso, mas elegeram dois presidentes em sequência: Francesco Cossiga e Oscar Luigi Scalfaro. Isso nas décadas de oitenta para noventa.

Quem terceirizava e operava todo o hardware, software e administração da Videotel para a Telefônica Italiana era a empresa Olivetti, na época ainda privada. O responsável por esta área era um C Level da Olivetti chamado Gianroberto Casaleggio, de Milão, já falecido. Esse de fato veio a se tornar o real guru de democracia direta digital (a fonte da democracia ciborgue) e da pós-verdade que conhecemos hoje nas redes sociais.

Casaleggio, no final dos anos 1990, tornou-se CEO da Webegg, uma empresa de consultoria de internet. A Webegg era uma join venture entre a Olivetti e Telecom Information Technology SpA, uma empresa da Telecom Itália. Posteriormente a Telecom Itália comprou não só a parte, como toda a Olivetti. Porém antes disso a Webegg sofreu pesadas perdas (mais de € 20 milhões) no período de 2002-2003, e Casaleggio foi substituído como CEO em 2003 por Giuseppe Longo. Em 2004, Casaleggio fundou a Casaleggio Associati, uma empresa de consultoria de internet que realiza pesquisas sobre e-commerce na Itália e cujas descobertas são apresentadas em uma conferência realizada em Milão a cada primavera (desde 2006).

Apesar do negócio principal de Casaleggio ser e-commerce, desde a época do Videotel, ele sempre foi abertamente um ativista político italiano visionário em relação às possibilidades de utilizar a internet como meio de comunicação política. E foi o que ele fez paralelamente às atividades de sua empresa, a CA.

Em 2005 com todo formato da democracia direta pronto, Casaleggio encontrou no comediante Beppe Grilo, o perfil intelectual caricato ideal para o populismo de seu modelo político idealizado. Ele se associou ao comediante na criação do blog. Esse blog, que existe até hoje, é o modelo máster de todos os influenciadores virtuais de democracia ciborgue em todos os países. Além do Blog, eles escreveram vários livros em conjunto. No mesmo período ele também se associou ao blog do promotor Antonio Di Pietro (Mani Pulite) e com a editora Chiarelettere, especializada em publicações e autores que se enquadrassem com os conceitos de democracia direta digital e pós-verdade, esta estratégia inclusive é muito copiada aqui no Brasil pelas alas evangélica e youtubers da democracia ciborgue brasileira.

O próximo passo, em 2009, foi à formalização e fundação do Movimento 5 Stelle ou M5S (Movimento 5 Estrelas) ao lado do parceiro o comediante Beppe Grillo. Casaleggio foi o primeiro presidente do movimento, do qual era chamado de "guru". No contexto italiano, Casaleggio promoveu a Web como um meio de comunicação política. Casaleggio morreu em 12 de abril de 2016 em Milão, aos 61 anos, vítima de câncer cerebral, após um longo período de doença.

O Movimento 5 Estrelas, com sua democracia direta digital) foi o criador e percursor na utilização da democracia ciborgue no formato como conhecemos hoje nas redes sociais, anúncios online, grupos secretos, milícias virtuais anônimas, trolls, sockpuppets, Fake News, "Gurus Virtuais Filósofos de boteco", hackers russos, bots, automações na internet, inteligências artificiais, imprensa alternativa, modulação e manipulação virtual, marketing digital , sistemas de busca da internet, guerra de informações etc. incluindo a utilização da pós-verdade como arma para teorias conspiratórias e negacionismo. Porém o M5S, diferentemente dos outros movimentos subsequentes de extrema direita ultraconservadora posteriores, que passaram a utilizar o modelo, possui uma gama de pautas bastante peculiares, que não se enquadram exatamente no maniqueísmo político e ideológico utilizados atualmente. Muitas pautas do M5S podem ser classificadas inclusive dentro da avaliação política 2D como esquerda ou centro. Já outros partidos políticos italianos mais antigos, que adotaram o mesmo modelo na democracia ciborgue seguem pautas de extrema direita, inclusive a "politicamente incorreta" com a Lega Nord (Lega Nord per l'Indipendenza della Padania) conhecido no Brasil por Liga do Norte e o Forza Italia (FI – Força Itália) foram os responsáveis pela inclusão do viés "maligno" da democracia ciborgue com as pautas da extrema direita conservadora ultraliberal. A extrema direita global adotou o modus operandi virtual do M5S como sua principal arma para chegar e se manter no poder tecnológico-econômico-político como veremos neste texto na sequência.

O M5S é completamente histriônico, que é uma característica em todos os praticantes de democracia ciborgue. Segundo a sua própria carta de fundação o movimento surgiu com a finalidade de deslocar os partidos tradicionais para colocar cidadãos comuns no poder e estabelecer uma democracia direta através do uso da Internet. Ideologicamente, o M5S é um partido bastante complexo e divergente pela sua linha populista, eurocética e antissistema, ao mesmo tempo em que defende a democracia direta e é contra intervenções militares do Ocidente na Síria ou Líbia. Apesar de ser acusado de advogar o populismo de direita pela sua posição anti-imigração, o Movimento defende políticas tradicionalmente de esquerda como políticas verdes e ambientalismo, tal como rendimento básico universal. As cinco estrelas representam as cinco prioridades do Movimento: água pública, ambientalismo, transportes sustentáveis, direito à Internet e desenvolvimento sustentável. Bem diferente da alt-right, que utiliza da democracia ciborgue protofascista, derivada da democracia direta do M5S.

A metodologia da democracia direta do M5S se comprovou muito eficaz nas urnas. Logo após a sua fundação, o Movimento rapidamente ganhou popularidade elegendo diversos presidentes de câmara, além de vários parlamentares a nível municipal e regional, formando um governo de coligação na região da Sicília, juntamente com o Partido Democrático. Nas eleições nacionais de 2013 para o Parlamento italiano, as primeiras para o M5S, o Movimento obteve 26% da câmara de deputados (a maior bancada em termos de partidos isolados) e 24% do senado. O Movimento continuou a crescer em termos eleitorais nos anos seguintes após as eleições de 2013 e se consolidou como um dos maiores partidos políticos italianos. Em 2016, o M5S conseguiu conquistar a autarquia da capital italiana de Roma bem como da cidade de Turim. Nas eleições nacionais de 2018, liderados por Luigi Di Maio, o M5S voltou a ser o partido mais votado ao conseguir 33% dos votos e 229 deputados. Após meses de impasse e de tensões com o presidente italiano, o Movimento conseguiu formar governo em coligação, liderado por Giuseppe Conte.

Outra característica do M5S é desacreditar a imprensa tradicional (profissional e científica) e estimular a informação em mídias alternativas (evidentemente favoráveis ao M5S) ou pelas próprias redes sociais, na forma de influencers e grupos de informação. Não é surpresa que suas ideias tenham tornado um país como a Itália, que ocupa apenas a 49ª posição no ranking mundial em liberdade de imprensa e sofre com persistentes escândalos de corrupção política e ineficiência crônica.

Usando a democracia ciborgue derivada da democracia direta do M5S a Lega Nord (Liga do Norte) de Matteo Salvini "Il Capitano" (o capitão) conseguiu também ótimos resultados nas urnas, inclusive tornando Salvini um dos políticos mais poderosos da Itália. O mesmo ocorreu com a Forza Itália, FI do veterano caudilho Silvio Berlusconi que conseguiu bons resultados utilizando as práticas da democracia ciborgue, com apoio da empresa de Berlusconi a Mediaset, mesmo frente a todos os escândalos envolvendo o próprio Berlusconi.

Desde 2014 a Lega Nord tem um sistema desenvolvido "on demand" na Índia, chamado "Il betsa" (A besta), onde as redes sociais são sistematicamente analisadas para que se compreenda em tempo real o alcance das ações do partido nas redes sociais. Este sistema foi inspirado em outro sistema desenvolvido pela CA de Casaleggio para o M5S antes da fundação do próprio movimento.

O promotor Antonio Di Pietro, front man da Mani Pulite (Mão Limpas), que trabalhou em parceria com Casaleggio, utilizou muito bem a metodologia da Democracia direta, em seus trabalhos jurídicos populistas (algo muito parecido como ocorreu posteriormente no Brasil na operação Lava Jato com Sérgio Moro), utilizando a internet tanto para seus trabalhos investigativos (usando fontes anônimas virtuais) quanto para autopromoção com fins políticos. Com a metodologia paradoxal de democracia ciborgue, Di Pietro conseguiu esconder as contradições e conflitos éticos da Mani Pulite, que só mirava os relacionamentos "Berlusconi", porém ignorava "alinhados" como Romano Prodim, que já havia sido objeto de uma investigação conduzida por Di Pietro, mas as acusações foram retiradas antes de qualquer julgamento. Di Pietro inclusive foi chamado para a nova equipe de governo de Romano Prodi como ministro das Obras Públicas, onde protagonizou um trabalho muito polêmico. O próprio Di Pietro foi investigado em 1997 por suas atividades na polícia e como juiz. Posteriormente, foi constatado que o principal promotor responsável pelo caso de Di Pietro, Fabio Salamone, de Brescia, era irmão de um homem que o próprio Di Pietro havia processado e que havia sido condenado a 18 meses de prisão por várias acusações de corrupção. No final de outubro de 2012, Antônio Di Pietro foi examinado em um inquérito pelo programa de televisão nacional italiano "Report", que questionou o alegado gasto de fundos do IDV para uso pessoal. Di Pietro negou qualquer irregularidade. Mesmo com todas as "polêmicas" Ele é um membro da Mesa da Aliança dos Liberais e Democratas pela Europa e se senta no Parlamento Europeu na Comissão dos Assuntos Jurídicos. Ele também é um substituto da Comissão de Liberdades Civis, Justiça e Assuntos Internos e preside a Delegação para as Relações com a África do Sul.

Um dos métodos mais eficientes, muito usuais na democracia ciborgue, adotados por Di Pietro foi em dezembro de 2006, Di Pietro começou a vidcast no YouTube. No vídeo, emitido semanalmente a partir de janeiro de 2007, Di Pietro falou sobre as questões discutidas no Gabinete de Governo semanal. Esse método é bem popular também na democracia ciborgue brasileira. Di Pietro foi o responsável pela inserção do conceito de combate a corrupção "generalizada" da democracia ciborgue, porém com viés político evidente ocultado na metodologia. O promotor paulista Marcelo Batlouni Mendroni (que inclusive é Pós-doutor pela Università di Bologna (Itália)), que é um especialista em no trabalho contra Crime Organizado, Lavagem de Dinheiro e crimes econômicos, tem um método e carreira muito parecidos com Di Pietro. E no Brasil temos o delegado Pablo Dacosta Sartori, da delegacia de crimes digitais do Rio de Janeiro, que por várias vezes atuou em prol de interesses bolsonaristas em casos que chegaram as suas mãos. E temos também o juiz Marcelo Bretas, que integrava a lava jato e participou inclusive de atos de campanha com Jair Bolsonaro. E a menção honrosa do ex procurador lava jato Deltan Dallagnol, na mesma linha dos citados anteriormente.

Giuseppe conte, atual primeiro-ministro italiano, é um dos expoentes da democracia ciborgue global. É o atual primeiro-ministro da Itália após uma coligação entre o Movimento 5 Estrelas e a Liga, depois das eleições legislativas italianas de 2018. O primeiro gabinete de conte, que incluía o líder de cinco estrelas, Luigi Di Maio, e o líder da Liga, Matteo Salvini, foi considerado por parte da mídia estrangeira, entre eles pelo jornal The New York Times, como o primeiro governo populista da Europa Ocidental moderna. Ele é frequentemente apelidado pela democracia ciborgue e pelo próprio povo italiano de "advogado do povo" (l'avvocato del popolo, em tradução literal), como se definiu durante seu primeiro discurso como primeiro-ministro do país.

A empresa de Casaleggio, a CA desenvolveu para o M5S um medidor de redes com inteligência artificial, que funciona real time, controlando as redes sociais, buscadores etc. os índices de popularidade dos conteúdos postados nas diferentes plataformas. Os conceitos que agradam as massas são desenvolvidos e trabalhados, transformando-se em campanhas virais e iniciativas políticas. Ou seja: medindo online o sucesso da pós-verdade.

O M5S, idealizado por Casaleggio (o guru) e operacionalizado por Beppe Grillo (o comediante), é a raiz de toda a metodologia da democracia ciborgue. O M5S foi à causa e tudo que veio depois foi consequência, incluindo Andrew Breitbart, Olavo de Carvalho, Trump, Boris Johnson, Bolsonaro, Alexander Nix, Steve Bannon, Robert Mercer, Nigel Oakes etc. Apenas a metodologia padrão da democracia direta sofre algumas "customizações" regionais de acordo com o país na qual ela é aplicada (como, por exemplo, não incentivar o racismo no Brasil). Sempre investindo na democracia ciborgue iremos encontrar, entre os acionistas institucionais de todas as "empresas", os mesmos players econômicos globais que manipulam a economia e política global, que a própria democracia ciborgue crítica como "globalistas". A manipulação envolve as redes sociais, buscadores e sistemas operacionais de dispositivos móveis que são utilizados para criar as bolhas de filtragem, câmaras de eco, acumulando dados em Big Data, modulando em Deep Learning e programando em Machine Learning as massas de manobra virtuais, que passaram a ser toda a humanidade simultaneamente, graças à internet.

Porém apesar de ter surgido com este viés conservador de direita, a democracia direta digital é extremamente flexível, já que não precisa ter ideologia, religião ou qualquer viés que não os preconceitos (sentido amplo) das pessoas, para serem modulados e manipulados, independentemente de quais sejam.

Uma Breve História das Mídias Sociais

As redes sociais, em seu conceito mais amplo, como mídias sociais, são como o ópio moderno, nos viciam e cobram muito caro por isso. Inclusive nos tratam como "usuários", exatamente a mesma designação dos clientes dos traficantes de drogas ilícitas.

Elas sabem absolutamente tudo sobre você, um pouco mais a cada segundo e vão guardando tudo isso na "nuvem". Possuem pelo menos dois funcionários "inteligências artificiais" exclusivos para cada um de nós individualmente, trabalhando 24 horas por dia, com nossos dados e nossas ações, para ganharem mais de nós em tudo que puderem.

As aparentes vantagens que elas nos dão são pirita, o famoso ouro de tolo, pois são apenas programas de computador prontos, que ficam realizando serviços virtuais para nós repetitivamente após serem criados, não há nenhum esforço posterior por parte delas depois disso.
Mesmo assim as pessoas amam passar muito tempo, trabalhar de graça para as plataformas sociais, ter seus dados pessoais extraídos, arquivados, usados e vendidos por elas e ainda são induzidas a comprar produtos, acompanhar as outras formas de entretenimento que elas nos ordenam, pagar por serviços e votar em determinados políticos pelas inteligências artificiais. Tudo com modernas técnicas científicas de manipulação e controle. Isso sendo o tempo inteiro vigiados por elas.
Neste livro eu vou dar uma explicação de forma bastante simples e acessível sobre como elas fazem isso e quem manda nelas.

Como Elas Funcionam

Tudo começa com um smartphone, pode ser de qualquer fabricante e preço e tanto faz se é o Android do Google ou o IOS da Apple. Ligado ou desligado o seu smartphone é como um "big brother" de olho em você 24 horas por dia.

E agora também tem a internet das coisas, que integra outros equipamentos eletrônicos que você tem em casa, escritório, carro e até nas ruas, com seus usuários nas mídias sociais, tendo acesso cada vez maior sobretudo em nossas vidas cotidianas. Até sua geladeira vai se tornar uma espiã de sua vida para as mídias sociais.

Através de acesso a microfones, câmeras e a todos os dados que estão em nossos celulares (na prática na nuvem), que eles chamam de big data (uma tecnologia muito moderna de arquivamento e organização de dados), as nossas informações que aumentam a cada segundo na nuvem são analisadas e utilizadas pelos dois funcionários "virtuais", que trabalham unicamente e individualmente sobre cada um de nós, para apreenderem tudo que sabemos e gostamos, para descobrir como podemos fazer as mídias sociais ganharem mais dinheiro conosco.

Estes dois funcionários se chamam respectivamente "aprendizado profundo" e "aprendizado de máquina" e são inteligências artificiais, programas de computador desenvolvidos a partir de algoritmos.

O aprendizado profundo é um funcionário dedutivo, ou seja, seu trabalho é, a partir da nuvem com nossos dados, deduzir tudo sobre nós.

Já o aprendizado de máquina é um funcionário indutivo, ou seja, partir dos nossos dados na nuvem e das deduções de seu colega de trabalho (o aprendizado profundo), nos induzir a decisões que vão de encontro aos nossos gostos e preferências.

Além de seus dados pessoais, gostos e preferências, que são o novo "petróleo" da economia mundial, portanto vendidos pelas mídias sociais, nós somos "produtos" sem custos para elas.

Além de produtos somos funcionários delas, pois nosso "trabalho" filantrópico nas mídias sociais, publicando, curtindo, comentando, seguindo, republicando etc. e mesmo deixando de seguir, bloqueando, "descurtindo", apagando etc. São conteúdos gratuitos, criados por nós, usados para atrair outros usuários e para deixarem as inteligências artificiais mais "inteligentes" sobre nós.

Todos os nossos dados são usados para nos colocar em diversas "bolhas" com diversas pessoas diferentes (que não precisamos conhecer nem estar conectados necessariamente) dentro da nuvem. Assim temo a bolha (bolha de filtro no mundo do marketing) dos fãs de ficção científica, terror, romance, aventura, documentários etc. por exemplo. Mas estas bolhas são praticamente infinitas.
Aquele funcionário, o aprendizado profundo é quem vai colocando cada um de nós em diversas bolhas que estão de acordo com nossos gostos e preferências pessoais.

Com isso, vem as linhas do tempo personalizadas (câmeras de eco no mundo do marketing) as quais, de acordo com nossas bolhas, nos trazem conteúdos e outros usuários que já gostamos previamente. Isso para prender nossa atenção com o efeito "cafezinho".

Todos sabemos que o cafezinho vicia e traz felicidade. É um estimulante a base da cafeína, muito usado nas empresas para deixar os colaboradores mais produtivos. Mesmo sem poder nos dar cafeína, as mídias sociais, utilizam uma técnica de nos trazer sempre coisas dentro de nossos gostos e preferências, juntamente com pessoas que têm os mesmos gostos e preferências. Esse sempre "mais do mesmo" nos estimula a ficar cada vez mais tempo possível nas mídias sociais, bem como acaba estimulando nosso corpo a produzir dopamina, um neurotransmissor relacionado ao bem-estar e à recompensa. "Ela é a substância do prazer, e todo mundo quer essa sensação no cérebro". A mesma coisa ocorre com a Serotonina, que é uma molécula biológica do grupo monoamina neurotransmissora sintetizada nos neurónios serotoninérgicos do Sistema nervoso central. A serotonina representa um papel importante no sistema nervoso central como neurotransmissor na inibição da ira, agressão, temperatura corporal, humor, sono, vômito e apetite.

É assim que você é viciado nas mídias sociais, trabalha de graça para elas, dá todas as suas informações de graça para elas e agora vem a parte ainda mais interessante, faz tudo que elas lhe mandam fazer.

Enquanto o funcionário virtual aprendizado profundo, usando a nuvem, trata apenas destes aspectos dedutivos que vimos até o momento, aquele outro funcionário virtual, o aprendizado de máquina (ambas inteligências artificiais) está modulando você, usando o maniqueísmo dualista (baseado em técnicas do zoroastrismo, uma religião e filosofia fundada na antiga Pérsia pelo profeta Zaratustra, a quem os gregos chamavam de Zoroastro. É uma fé multifacetada centrada em uma cosmologia dualista do bem e mal). No caso o "bem" é aquilo que já faz parte de seus gostos e preferências e o "mal" é aquilo que não faz parte de seus gostos e preferências, apesar de ser, dedutivamente, relacionado a eles. Assim o aprendizado de máquina vai testando modulações em você oferecendo opções entre o que você já gosta e o que você ainda não gosta, e, conforme você responde a estes estímulos, quando responde positivamente para coisas que ainda não gosta, a mídia social vai usar isso para lhe induzir para coisas relacionadas aos interesses econômicos e políticos de quem vende produtos e presta serviços comissionando as mídias sociais, paga por publicidade ou simplesmente é "dono" das big techs, as empresas "donas" das redes sociais.

É neste ponto que além de funcionário e produto, você também se torna cliente das redes sociais.

A partir daí você é capaz de pagar por produtos e serviços que nem sequer precisa, assim como votar em um político que elas lhe determinam.

Com isso fechamos e entendemos o ciclo de vigilância, controle e manipulação das mídias sociais sobre nós.

Quem São As Redes Sociais

Temos que ter em mente que vivemos em um mundo capitalista, inclusive os socialistas. Tudo gira ao redor de capital em nossa sociedade, sendo que as empresas, que têm com proprietários sócios com direito a voto em seus conselhos e acionistas sem direito a voto, que ganham dividendos ou com a compra e venda de ações visam apenas lucros. As redes sociais são o "The state of the art" do capitalismo atual, de vigilância, controle e manipulação. As empresas mais valiosas e lucrativas do mundo, com os maiores trilionários do planeta, que andam indo até para o espaço. Vamos conhecer um pouco mais sobre elas.

As Big Techs

As mídias sociais são plataformas de programas que funcionam na internet desenvolvidas por um grupo de grandes empresas de tecnologia, as big techs.

São empresas que apesar de já terem sido uma "startup" de um ou poucos "donos", em um momento abriu seu capital, vendeu ações e se tornou uma empresa de capital aberto, uma S/A (Sociedade Anônima), tendo suas ações comercializadas nas bolsas de valores de NASDAQ e diversas outras bolsas de valores pelo planeta.

Dentro de uma S/A existem ações que tem direito a voto no conselho de administração, além dos dividendos (lucros distribuídos) e aquelas que não tem direito a voto, que são as comercializadas especulativamente nas bolsas de valores.

Assim o Mark Zuckerberg, o Jef Bezos, Jack Dorsey, por exemplo, apesar de fundadores, não são os "manda chuvas" no Facebook, Amazon e Twitter, mas sim são ou foram presidentes dos conselhos, onde vários outros sócios institucionais têm direito a voto e veto nas decisões de negócios destas empresas.

Na prática estas empresas têm diversos fundos como acionistas com direito a voto, que em suas carteiras têm oligarquias trilionárias de todo o planeta, incluindo de países nada democráticos na Ásia, Oriente Médio, África, Europa Ocidental, América do Sul e América Central, que muitas vezes são pessoas com visões de mundo muito totalitárias e conservadoras.

Junto com esta oligarquia totalitária do mundo não democrático também tem os trilionários das nações democráticas como EUA, Europa Ocidental, Canada, Austrália etc. com posições políticas ideológicas protofascistas ultraconservadoras.

E estas pessoas com visões de mundo nada democráticas também mandam nas mídias sociais.

No mundo atual todas as grandes empresas lucrativas de capital aberto, tem como acionistas uma mesma pequena oligarquia econômica global, que é capaz de decidir, através das mídias sociais, os caminhos da economia e política.

Não é por outra razão que desde que as mídias sociais ganharam o planeta, a desigualdade e a concentração de renda só aumentaram, bem como as democracias entraram em crise e o meio ambiente passou a ser mais penalizado por ações não sustentáveis.

Manual de Democracia Direta Digital

A democracia direta digital, através da política quântica digital, utiliza a metodologia denominada democracia ciborgue para eleger seus políticos com vieses populistas e as vezes totalitários.

A democracia ciborgue é um método científico de se fazer política através das mídias sociais, bem mais eficiente e eficaz que todos os outros, simplesmente porque usa exatamente o mesmo modus operandi das redes sociais.

Inclusive, na minha acceptio.onis a democracia ciborgue e as redes sociais têm os mesmos sponsors econômicos, basta olhar quem são os acionistas delas, por exemplo no Yahoo Finanças.

A Democracia ciborgue Utilizada Pela Política quântica

A democracia ciborgue propõe a instauração de uma democracia direta eletrônica que tomaria o lugar do "velho" sistema representativo. Com isso só o executivo seria necessário, ao passo que o legislativo e até o judiciário seriam apenas meras convenções a serem cumpridas seguindo as ordens do "povo". É a política quântica.

As pessoas moduladas e programadas por algoritmos de inteligências artificiais são "soberanas" e comandam "tudo". A única coisa que não contaram para elas é que são apenas "birutas" de aeroporto seguindo a direção que os ventos algorítmicos soprarem. Isso se baseia na máxima "take back control" (retome o controle), que se vale de um instinto primitivo humano. A Política quântica "dos Arquitetos do Ódio", fazem os grupos destas bolhas terem a sensação de que "estão no comando", de maneira muito parecida como ocorrem nas igrejas empresas e com pastores CEO brasileiros como da Igreja Universal e outras menores. Seus "acionistas majoritários" têm até fortunas apontadas na Forbes e operam no mercado de capitais. Os fiéis acham que estão no comando, sendo os virtuosos do "bem", independente dos comportamentos e ações deles e de seus líderes. E ainda pagam dízimos por isso mesmo sem poder.

A política quântica identifica onde estão os resignados, raivosos e medrosos em relação ao mundo real, os modula e programa para defenderem e elegerem seus políticos e investidores ocultos. E universos como os "gamers" (idiotas virtuais fãs inofensivos de Sun Tzu e Bushido) e religiosos fanáticos são a "oficina do diabo" (mentes vazias) para esta gente da democracia ciborgue. Basta apenas saber despertar as paixões e fé destas pessoas e as arrebanhar virtualmente.

O fato é que as pessoas comuns também são vítimas perfeitas para esta manipulação quântica feita por ferramentas avançadas de IA (Inteligências Artificiais), as quais elas nem imaginam a existência e muito menos como funcionam.

Na física quântica sabemos que os átomos podem ser subdivididos e que eles contêm partículas cujo comportamento é extremamente imprevisível. Estas partículas se movem ao sabor do acaso e têm uma identidade tão frágil que o simples fato de serem observadas, modifica seus comportamentos. A Física quântica é cheia de paradoxos e fenômenos que desafiam a racionalidade científica atual. Revela um mundo onde nada é estável e uma realidade objetiva pode nem existir. Cada observador a modifica na perspectiva de seu ponto de vista e interesses pessoais. Dentro deste mundo várias realidades contraditórias existem sem que se invalidem. Esta analogia define a Política quântica.

A democracia ciborgue apenas manipula e modula estas "partículas" dando as mesmas a ilusão de racionalidade. Deste modo fazem conteúdos sobre medida para cada uma das "partículas" de maneira que elas sejam moduladas ao redor do "interesse" e "realidades" comuns entre estas, seus políticos e investidores. Basta ver, por exemplo, os currículos e as vidas de pessoas de Trump e Bolsonaro, e comparar com os valores que seus apoiadores declaram ter. Não obstante comparar as ações nas redes sociais dos apoiadores de ambos com os mesmos valores que proclamam. É a velha história do pastor casado que tem aventuras extras conjugais com as "fiéis" (às vezes também casadas) e depois "reza a missa" com junto com todas elas (e os maridos delas) e filhos sabe-se lá de quem.

É por isso que um bilionário como o Trump, com um currículo para lá de enrolado nos negócios e vida pessoal, vira porta voz da cólera dos desvalidos. Do mesmo modo como nosso Bolsonaro, com uma vida pessoal bastante singular, também acaba idolatrado pelos "patriotas, família, cristãos e conservadores". A Política quântica é formada pelas contradições constantes.

A desordem é a única coisa em comum na Política quântica, a Democracia ciborgue não pretende mudar isso, pelo contrário, quer apenas usar, modulando e programando os "fiéis" com Pós-Verdades, atacando tudo que não é "instável", para através de algoritmos de inteligências artificiais, reinarem sobre este caos.

É uma arquitetura política social baseada no ódio coletivo, que canaliza o mesmo ao seu favor.

Nada mais é que nova versão do nazismo, fascismo, socialismo, comunismo e outros "ismos" do século passado, atualizada para modulações e programações digitais das pessoas, através da tecnologia de informação.

E para onde caminhamos no futuro? A "Internet das Coisas" IoT deverá ser usada pela democracia ciborgue, num futuro muito próximo, pois a conexão de vários outros dispositivos, além de celulares, tablets e computadores pessoais, já está aí ganhando escala comercial, nas ruas, comércio, empresas, automóveis, quaisquer locais e circulação pública e até em nossas residências

Montando Seu Comitê de Campanha Digital

Para montar seu comitê político para sua campanha, tudo depende de seus "sponsors" financeiros ou seus recursos próprios. Desta maneira quanto mais qualificada for sua equipe, mais cara e menor ela será. Pois você precisa de pessoas que tenham relevância com influenciadores digitais das mídias sociais, programadores e, se você não quiser apelar para as práticas de spam e listas de contatos piratas, ilegais e passíveis até de cassação, será necessário contratar também pelo menos uma empresa especializada em marketing digital, de preferência marketing digital eleitoral, para fazer campanhas virtuais profissionais e legais nas mídias sociais, que não prejudiquem sua candidatura e seu posterior mandato.

As agências serão responsáveis pela propaganda digital profissional, atuando profissionalmente, cientificamente e dentro da lei para planejar, implementar e monitorar suas campanhas, ajustando sistematicamente a mesma, com auxílio de inteligências artificiais e ferramentas de monitoramento das redes sociais, às bolhas de filtro e câmaras de alvo de seu público-alvo de eleitores. Esta é a parte ética da democracia direta, que trabalha dentro de parâmetros profissionais e mercadológicos aceitos pelas leis.

Basicamente a agência de marketing (político) digital será o cérebro de sua campanha, bem como os braços e pernas principais dela, mas ainda falta o coração da campanha, o qual serão justamente os influenciadores digitais e programadores que irão "bombear o sangue" de nas mídias sociais.

É importante que estes programadores e influenciadores digitais não tenham ligações diretas com você, sejam autônomos e com contratos muito bem delimitados e formulados por seu(s) advogado(s) para que, todavia, os excessos que eles possam cometer, incluindo ações ilícitas ou não éticas, não sejam atribuídos a você e sim a iniciativas próprias deles, incluindo a rescisão unilateral do contrato sem multa e isentando você de quaisquer responsabilidades pelo trabalho deles.

Caso você tenha sponsors financeiros que possam assumir a relação comercial com estes "autônomos", é sem dúvida o melhor caminho. Desde que estes sponsors não sejam doadores de campanha seus, apenas apoiadores por iniciativas próprias. Em circunstância alguma você pode ter relações diretas com os "autônomos", influenciadores digitais e programadores e suas atividades, inclusive em termos de local onde eles trabalham e troca de mensagens ou quaisquer tipos de comunicação não verbal entre apenas duas partes e presencial, que sejam auditáveis ou graváveis.

Estes autônomos são os responsáveis pela parte não ética da democracia direta digital, justamente aquela relacionada a lidar com os aspectos mais ardilosos da campanha e se relacionar diretamente com a base de eleitores pelas mídias sociais.

Vamos chamá-los de mercenários virtuais.

A Guerrilha Virtual na Democracia Direta Digital

Maquiavel enalteceu duas qualidades caras a um líder: a virtú, uma mistura de firmeza e pragmatismo, e a fortuna, ou sorte. Um dos maiores estudiosos da obra do italiano, o historiador inglês Quentin Skinner afirma que virtú pode ser o nome de qualquer qualidade que efetivamente, em um mundo corrupto e falido, mantenha um líder no poder. Ou seja, não é um conceito fechado. Às vezes, virtú significa virtudes convencionais, como a generosidade e a empatia. Mas também pode ser o contrário delas. Para o filósofo, um soberano precisa ter liberdade para agir como bem entender a fim de garantir a segurança e a paz da população.

Maquiavel inaugurou a ideia de valores políticos medidos pela prática e utilidade social – um discurso que pode ser apropriado por governantes que roubam, mas fazem. Em O Príncipe, ele mostra que a quebra de promessas, a mentira, a dissimulação e até o assassinato de inimigos são intrínsecos à política, embora não recomende adotar a maldade como regra (apenas porque a maldade pode enfurecer o povo e trazer instabilidade, o que não é desejável). Os fins justificam os meios, frase que não consta no livro e que nunca foi escrita por Maquiavel, se tornou o melhor resumo do seu pensamento. Com um adendo importante: a política talvez seja um fim em si mesma.

Na guerrilha virtual de democracia direta digital, os fins justificam os meios. Este é o ponto em que o virtú dá a liberdade do político, em campanha, para agir como bem entender para ser eleito, para dar a "segurança e a paz da população".

Por esta razão o político precisa de seus mercenários virtuais, para os quais os fins, justificam quaisquer meios. É neste ponto em que estes mercenários virtuais, verdadeiros matadores de aluguéis digitais, entram em ação na campanha política, fazendo tudo que se fizer necessário, sem limites, pela eleição de seu político.

Neste ponto além do pragmatismo político, entramos na "Arte de Guerra Digital", de Sun Tzu, realizada no mundo digital a imagem e semelhança do mundo real:

i. Planejamento Inicial (始計, pinyin: Shǐjì),

ii. Guerreando (作戰, pinyin: Zuòzhàn).

iii. Estratégia ofensiva (謀攻, pinyin: Móugōng),

iv. Disposições (軍行, pinyin: Jūnxíng),

v. Energia (兵勢, pinyin: Bīngshì),

vi. Fraquezas e forças (虛實, pinyin: Xūshí),

vii. Manobras (軍爭, pinyin: Jūnzhēng),

viii. As nove variáveis (九變, pinyin: Jiǔbiàn),

ix. Movimentações (行軍, pinyin: Xíngjūn),

x. Terreno (地形, pinyin: Dìxíng),

xi. As nove variáveis de terreno (九地, pinyin: Jiǔdì),

xii. Ataques com o emprego de fogo (火攻, pinyin: Huǒgōng),

xiii. Utilização de agentes secretos (用間, pinyin: Yòngjiàn).

Todos estes treze capítulos da Arte da Guerra são aplicados pelos mercenários virtuais, através da democracia ciborgue, servindo sobreposta a democracia direta.

Neste ponto não há espaço para o "Bushido", "o caminho do guerreiro", um código de conduta e modo de vida para os samurais (a classe guerreira do Japão feudal ou buxi), vagamente semelhante ao conceito de cavalheirismo que define os parâmetros para os Samurais viverem e morrerem com honra. Estas qualidades devem ser utilizadas pelo político publicamente, cabendo a "Arte da Guerra", ser executada nas sombras por seus anônimos ou mercenários digitais de aluguel, o qual fazem a parte suja da guerra digital. A ética e a honra são exclusivas do político, ao passo que "os fins justificarem os meios" cabem apenas aos seus mercenários virtuais de aluguel, não oficializados.

Deste modo você terá verdadeiras milícias anônimas virtuais, trabalhando em sua campanha, parte delas mercenários de aluguel, porém a maior parte composta por milicianos virtuais espontâneos, que serão recrutados para grupos dos "mercenários digitais de aluguel" dentro das bolhas de filtro e câmaras de eco das mídias sociais. São os "voluntários virtuais", que seguiram os "mercenários virtuais - influenciadores digitais', sendo comandado por eles apenas por aspectos passionais que envolvem a fé e emocional cegos, sem razão e todos sem custos para você!

Os marginais macroeconômicos ou "exército industrial de reserva" (dos marxistas), são a parte da população que vive às custas de outrem e possuem tempo livre de sobra, para se engajar em diversas causas, como religião, política e principalmente com as mídias sociais, nas quais são virtualmente "viciadas". Por exemplo as "tias do zap".

Estes, além de seus eleitores, são seus cabos eleitorais digitais, que seguirão cegamente você e seus "mercenários virtuais" em uma campanha eleitoral digital sem limites, apoiada inclusive pelo anonimato e impunidade propiciados premeditadamente pelas mídias sociais, para estes fins.

São os tais grupos WhatsApp, Telegram etc. suas bolhas de filtro políticas digitais, onde as suas milícias virtuais são selecionadas, treinadas e comandadas para as ações. Os influenciadores digitais mercenários de aluguel de sua campanha, são verdadeiros gurus para estes grupos, exercendo uma liderança seguindo as orientações oriundas da(s) agência(s) de marketing digital (de preferência as especializadas em política), suas e de seu comitê de campanha, fazendo a parte "suja" do trabalho sem um vínculo direto.

Estes milicianos virtuais partem para as câmaras de eco, as linhas de tempo das mídias sociais, fazendo "o que tiver que ser feito", segundo os conceitos maquiavélicos e de Sun Tzu.

Mas eles sozinhos não são capazes de dar a viralização e volume que a campanha precisa, é aí que entram os mercenários virtuais programadores (de computadores).

Os Mercenários Virtuais "Garotos de Programas"

Sejam eles autônomos locais sem vínculos diretos, ou pessoas ou empresas localizadas em outros países (Rússia, Índia, China, Leste Europeu, Austrália etc.), onde tais práticas não são consideradas ilegais nem antiéticas, são parte crucial da campanha política. Você pode contratar qualquer um deles pela internet utilizando desde criptomoedas até plataformas de Crowdfunding, cartões pré-pagos etc. todos transacionados sigilosamente em bases em países de tradição não democrática.

Além de criarem uma legião de bots (usuários robôs descartáveis para darem volume em suas ações virtuais), eles também conseguem "turbinar" seus milicianos pessoais reais, dando os mesmos "poderes" de uma automação de marketing digital ou de um usuário bot.

As mídias sociais possuem plataformas de desenvolvimento e integração públicas, através das quais empresas e pessoas conseguem realizar uma série de ações de forma automatizada, mas suas plataformas. Basicamente existem, sobre o pretexto de facilitar e viabilizar as "agências de propaganda digitais", para executarem suas ações de marketing dentro das mídias sociais. De fato, isto até ocorre um pouco.

São as "plataformas para desenvolvedores". Que possibilitam executar todas as funções de um usuário de maneira automatizada, ainda com uma série de recursos de marketing adicionais não disponíveis nem a usuários verificados (com selos azuis).

As plataformas para desenvolvedores das redes sociais, possuem basicamente os mesmos recursos, com pequenas variações. Basta apenas ter o conhecimento e se credenciar na plataforma e o "mercenário garoto de programa", estará pronto para trabalhar para você em qualquer lugar do planeta.

Vamos conhecer, sem entrar no "tecnês", os recursos das plataformas para desenvolvedores das mídias sociais.

As Plataformas Para Desenvolvedores das Mídias Sociais

Utilidades Formais (Usando o Exemplo do Twitter)

- **Construir para empresas**: Usar as APIs poderosas das mídias sociais para ajudar sua empresa a ouvir, agir e descobrir.

- **Construídas para consumidores**: Criar para que as pessoas nas mídias sociais integrem ou melhorem sua experiência na plataforma.

- **Fazer pesquisas**: Usar a API do das mídias sociais para obter pontos de dados históricos e em tempo real para seu próximo projeto de pesquisa.

- **Ensine e aprenda**: Ensinar ou aprender habilidades valiosas com a API da mídia social.

- **Construa para se divertir**: Experimente, explore, crie e divirta-se.

- **Construir para o bem:** Faça do mundo e do Twitter um lugar melhor.

Apesar desta retórica marqueteira, os objetivos da plataforma de para desenvolvedores é basicamente econômico, portanto, também político. Vamos conhecer as "ferramentas" disponibilizadas pelas mídias sociais:

API

Interface de Programação de Aplicações (português europeu) ou Interface de Programação de Aplicação (português brasileiro)), cuja sigla API provém do Inglês Application Programming Interface, é um conjunto de rotinas e padrões estabelecidos por um software para a utilização das suas funcionalidades por aplicativos que não pretendem envolver-se em detalhes da implementação do software, mas apenas usar seus serviços.

De modo geral, a API é composta por uma série de funções acessíveis somente por programação, e que permitem utilizar características do software menos evidentes ao utilizador tradicional. Por exemplo, um sistema operativo possui uma grande quantidade de funções na API, que permitem ao programador criar janelas, aceder a arquivos, cifrar dados etc. Mas as APIs dos sistemas operativos costumam ser dissociadas de tarefas mais essenciais, como a manipulação de blocos de memória e acesso a dispositivos. Essas tarefas são atributos do núcleo de sistema e raramente são programáveis. Outro exemplo são programas de desenho geométrico que possuem uma API específica para criar automaticamente entidades de acordo com padrões definidos pelo utilizador.

Mais recentemente, o uso de API tem-se generalizado nos plugins (acessórios que complementam a funcionalidade de um programa). Os autores do programa principal fornecem uma API específica para que outros autores criem plugins, estendendo as funcionalidades do programa.

Alguns Exemplos de API (Usando o Caso do Twitter)

- **Tweets**: Acessar milhões de Tweets para entender a conversa pública; ou criar o seu próprio para interagir com a conversa.

- **Listas**: Organizar e gerenciar listas de contas para acompanhar os especialistas do setor, vozes poderosas ou organizar quem você segue.

- **Locais:** Pesquisar lugares para entender o que está acontecendo em sua vizinhança e ao redor do mundo.

- **Comercial**: Gerenciar ou procurar usuários do Twitter para analisar redes, entender seu público ou promover relacionamentos online positivos.

- **Tendências**: Identificar as tendências geográficas primeiro para localizar o movimento da indústria, descobrir tópicos importantes ou ficar à frente das últimas tendências.

- **Mensagens diretas**: Enviar e receber mensagens diretas para fazer a triagem dos problemas dos clientes, enviar mensagens de boas-vindas ou criar interação humana positiva.

- **Meios de comunicação:** Carregar objetos de mídia para compartilhar sua energia criativa, criar experiências interativas ou construir ferramentas de acessibilidade.

API de Anúncios (Usando o Exemplo do Twitter)

Otimiza as operações de anúncios, desde o gerenciamento automatizado de anúncios e segmentos de público-alvo até análises de anúncios:

- **Criativo**: Enriquece os tweets com o formato criativo nativo do Twitter, os cartões. Os cartões são unidades interativas com mídia que podem ser incluídas em Tweets orgânicos e / ou promovidos.

- **Medição:** Mede o desempenho de campanhas publicitárias para informar a otimização com conversões de sites e aplicativos móveis.

- **Públicos-alvo personalizados:** Passa segmentos de público exclusivos para os anunciantes para ativação. Públicos-alvo personalizados podem ser incluídos, excluídos ou modelados para alcançar pessoas semelhantes no Twitter.

- **Gerenciamento de campanha**: Cria, agenda e gerência programaticamente campanhas de publicidade para envolver as pessoas no Twitter.

- **Análise de publicidade**: Insights granulares de campanhas publicitárias por uma ampla gama de métricas. Compreenda o impacto das campanhas para influenciar as decisões de marketing.

Mídias Sociais Para Sites (Usando o Exemplo do Twitter)

Exibe tweets interativos esteticamente renderizados com incorporações do Twitter, publica páginas otimizadas para dispositivos móveis com AMP e promove um envolvimento valioso com os cartões:

Postagens Embutidas (Usando o Exemplo do Twitter)

Traz conteúdo do Twitter e ações sociais para o seu site. Com o Twitter para incorporações de sites, você pode obter atualizações ao vivo sobre a conversa pública, tudo com a aparência do Twitter. Ao incorporar Tweets e botões, você obterá o conteúdo mais envolvente diretamente da fonte, bem como conduzirá ações para expandir seu alcance online.

Adicione facilmente Tweets aos seus artigos integrando-se ao seu CMS e definindo as preferências de exibição no nível do site ou simplesmente copiando e colando o código incorporado de nossa ferramenta Publish.

Tweets incorporados aprimoram um artigo com mídia rica e visualmente atraente, informações rapidamente verificáveis diretamente da fonte e amplificação das vozes da história.

Cronogramas Integrados (Usando o Exemplo do Twitter)

Inclui atualizações ao vivo de sua conta ou seleciona uma lista de contas selecionadas nas barras laterais de seu site. Ofereça aos seus espectadores as últimas novidades em um só lugar com um stream exatamente como a linha do tempo que você vê no Twitter.

Botões Embutidos (Usando o Exemplo do Twitter)

Faz com que sua história receba a atenção que merece adicionando um botão Compartilhar para que os leitores possam twittar o link sem problemas. Adiciona mensagens pré-preenchidas, hashtags ou menções para tornar uma campanha bem-sucedida. Você também pode incorporar um botão Seguir para aumentar sua audiência no Twitter.

Alcances Expandidos da Utilização das Plataformas de Desenvolvedores das Mídias Sociais (Usando o Exemplo do Twitter)

- **Otimização o desempenho de seus artigos no Twitter**: Envolve melhor os leitores no Twitter publicando conteúdo da web com AMP - Accelerated Mobile Pages. Usando essa estrutura otimizada, seus artigos se tornam mais eficientes e legíveis no Twitter.

- **Adiciona conteúdo avançado aos links do seu site em Tweets com Cartões:** Anexa fotos, vídeos e experiências de mídia valiosas aos Tweets que incluem links para o seu site, ajudando a adicionar contexto e direcionar o tráfego.

- **Incorporações do Twitter com nossa ferramenta de publicação**: Incorpora Tweets, alças, hashtags e muito mais com esta ferramenta rápida e simples. Pode usar a "APIoEmbed" para retornar programaticamente o conteúdo incorporado, como tweets e cronogramas.

Este arsenal tecnológico do Twitter é só uma amostra do que as mídias sociais têm a oferecer em uma campanha política. Big Techs maiores como Google e Facebook, por exemplo, que tem várias mídias sociais, têm ainda muito mais a oferecer. O Twitter foi utilizado como exemplo justamente pela maior simplicidade desta mídia social.

Com estes recursos, disponíveis nas mídias sociais, as agências de marketing (de preferência político), tem suas próprias inteligências artificias, com algoritmos criados para a democracia digital, controlando a política quântica e orientando e executando as estratégias de campanha e fornecendo os caminhos para os "mercenários virtuais" usarem as estratégias não éticas.

E não pense que tudo isso é caro e complexo, na internet você encontra empresas e "profissionais autônomos" aos montes para trabalhar na democracia direta digital de sua campanha. Isto a custos adequados ao nível político do cargo para o qual você está se candidatando.

Agora que você já conhece todo arsenal e todas as tropas, vamos as estratégias de guerra da democracia ciborgue, que são decisões exclusivamente suas, neste livro só vou expor exemplos do que pode ser feito com a democracia direta digital, utilizando a democracia ciborgue.

Exemplos de Estratégias de Campanha na Democracia Ciborgue

Desinformação (Pós-Verdade)

A desinformação é uma informação falsa ou enganosa que é divulgada deliberadamente para enganar. Este é um subconjunto de desinformação. A palavra em inglês desinformação é uma tradução emprestada do dezinformatsiya russo, derivado do título de um departamento de propaganda negra da KGB. Joseph Stalin cunhou o termo, dando-lhe um nome que soa francês para alegar que tinha origem ocidental. O uso russo começou com um "escritório especial de desinformação" em 1923. A desinformação foi definida na Grande Enciclopédia Soviética (1952) como "informação falsa com a intenção de enganar a opinião pública". A Operação INFEKTION foi uma campanha de desinformação soviética para influenciar a opinião de que os EUA inventaram a AIDS. Os EUA não reagiram ativamente à desinformação até 1980, quando um documento falso relatou que os EUA apoiavam o Apartheid.

A desinformação é uma informação falsa ou imprecisa que é comunicada independentemente da intenção de enganar. Exemplos de desinformação são boatos falsos, insultos e pegadinhas.

A desinformação é uma espécie de desinformação que é deliberadamente enganosa, por exemplo, boatos maliciosos, spearphishing e propaganda computacional. O principal efeito da desinformação é suscitar medo e suspeita na população.

A paródia ou sátira de notícias pode se tornar desinformação se os incautos a julgar confiável e comunicá-la como se fosse verdadeira. As palavras "desinformação" e "desinformação" têm sido frequentemente associadas ao neologismo "fake news", que alguns estudiosos definem como "informação fabricada que imita o conteúdo da mídia na forma, mas não no processo organizacional ou na intenção".

Difamação

Uma das práticas mais agressivas da desinformação, utilizadas pela democracia ciborgue na internet é a difamação.

Difamação (também conhecida como calúnia, difamação, difamação, calúnia ou traição) é a comunicação oral ou escrita de uma declaração falsa sobre outra pessoa que prejudica injustamente sua reputação e geralmente constitui um delito ou crime, porém na grande maioria dos casos permanecendo anônimos e impunes, nas mídias sociais, que investem "rios de dinheiro" em assessorias jurídicas para defenderem o direito ao anonimato e liberdade de expressão, mesmo que inconstitucionais e criminosos.

Information warfare (Guerra de informação)

O modus operandi básico da democracia ciborgue consiste na Information warfare (Guerra de informação), que envolve a pós-verdade, fake news e todas as técnicas de desinformação mais através das mídias sociais.

A guerra de informação (IW) é um conceito que envolve o uso do campo de batalha e o gerenciamento da tecnologia da informação e comunicação (TIC) em busca de uma vantagem competitiva sobre um oponente.

Guerra de informação é a manipulação de informações confiáveis por um alvo sem a consciência do alvo, de forma que o alvo tome decisões contra seus interesses, mas no interesse de quem conduz a guerra de informação.

Como resultado, não está claro quando a guerra de informação começa, termina e quão forte ou destrutiva ela é. A guerra de informação pode envolver a coleta de informações táticas, garantias de que as próprias informações são válidas, divulgação de propaganda ou desinformação para desmoralizar ou manipular o inimigo e o público, minando a qualidade das informações da força adversária e negação de coleta de informações oportunidades para forças opostas. A guerra de informação está intimamente ligada à guerra psicológica.

Teorias conspiratórias

Teoria da conspiração, também chamada de teoria conspiratória ou conspiracionismo, é uma hipótese explicativa ou especulativa que sugere que há duas ou mais pessoas ou até mesmo uma organização que têm "tramado" para causar ou acobertar, por meio de planejamento secreto e de ação deliberada, uma situação ou evento tipicamente considerado ilegal ou prejudicial.

Desde meados dos anos 1960, o termo se refere a explicações que mencionam conspirações sem fundamento, muitas vezes produzindo suposições que contrariam a compreensão predominante dos eventos históricos ou de simples fatos.

Uma característica comum das teorias conspiratórias é que elas evoluem para incluir provas contra si próprias, de modo que se tornem infalseáveis e, como afirma Michael Barkun, "uma questão de fé em vez de prova". O termo "teoria da conspiração" adquiriu, portanto, um significado depreciativo e é muitas vezes usado para rejeitar ou ridicularizar crenças impopulares.

Os indivíduos formulam teorias conspiratórias para explicar, por exemplo, as relações de poder em grupos sociais e a existência percebida de forças malignas Teorias da conspiração têm origens principalmente psicológicas ou sociopolíticas.

As origens psicológicas propostas incluem projeção; a necessidade pessoal de tentar explicar "um evento significante com uma causa significante"; e o resultado de vários tipos e estágios de transtornos de pensamento (disposição paranoica, por exemplo), que vão desde as doenças mentais graves até as diagnosticáveis. Algumas pessoas preferem explicações sociopolíticas para não se sentirem inseguras ao se depararem com situações aleatórias, imprevisíveis ou, de outra forma, inexplicáveis. A crença em teorias da conspiração pode ser racional, de acordo com alguns filósofos.

Cyberstalking

Define-se como qualquer perseguição reiterada, por qualquer meio, podendo ser pela internet (cyberstalking), havendo a ameaça à integridade física ou psicológica de alguém, a qual venha a interferir na liberdade e na privacidade da vítima.

A expressão cyberstalking é oriunda da palavra em inglês stalk que significa perseguir. Semanticamente, consiste no uso de ferramentas tecnológicas com o objetivo de perseguir ou assediar uma pessoa.

É a versão virtual do termo stalking, conceituado como o comportamento de perseguição e/ou ameaças repetitivas contra uma pessoa e que podem ser manifestados por meio de ações como: seguir a vítima em seu trajeto, aparecer repentinamente em sua casa ou local de trabalho, realizar ligações telefônicas inconvenientes e até mesmo invadir a residência da vítima.

Pode incluir também alegação de falsas acusações, monitoramento, ameaças, roubo de identidade, dano a dados ou equipamentos, solicitação de sexo a menores de idade ou aquisição de informações para uso prejudicial. Cyberstalking é diferente da perseguição offline no que diz respeito ao meio de execução, ele age por meios tecnológicos, como a internet. Entretanto, a perseguição virtual pode evoluir para a perseguição real, ou podem ocorrer simultaneamente.

O stalker (ou perseguidor), indivíduo que pratica essa perseguição, pode ser um estranho online ou uma pessoa conhecida pela vítima. É comum que o perseguidor use do anonimato provido por alguns serviços na internet como forma de se sentir seguro a praticar essas ações.

Esse tipo de perseguição tem sido agravado pelos adventos tecnológicos, principalmente o uso de redes sociais ao longo da internet, que muitas vezes gera uma inversão nos paradigmas entre a vida real e a virtual, causando diminuição das interações sociais.

Cyberstalking é uma forma de cyberbullying.

Cyberbullying

Assédio virtual (do inglês cyberbullying) é uma prática que envolve o uso de tecnologias de informação e comunicação para dar apoio a comportamentos deliberados, repetidos e hostis praticados por um indivíduo ou grupo com a intenção de prejudicar o outro.

O assédio virtual pode ser tão simples como continuar a enviar e-mail para alguém que já disse que não quer mais contato com o remetente, ou então pode incluir também ameaças, comentários sexuais, rótulos pejorativos, discurso de ódio, tornar as vítimas alvo de ridicularização em fóruns ou postar declarações falsas com o objetivo de humilhar.

Os assediadores podem divulgar os dados pessoais das vítimas (como nome, endereço ou o local de trabalho e/ou de estudo) em redes sociais, ou publicar material em seu nome que o difame ou ridicularize-o.

Alguns também podem enviar mensagens instantâneas ameaçando e/ou assediando as vítimas, postar rumores e boatos e instigar os outros a agredir a vítima.

Doxing

O doxing (algumas vezes escrito como "doxxing") é a ação de revelar informações de identificação sobre alguém nas redes sociais, como seu nome real, endereço residencial, local de trabalho, telefone, dados financeiros e outras informações pessoais familiares. Essas informações então circulam para o público, sem a permissão da vítima, caindo em domínio público nas redes sociais.

Doxing (de dox, do inglês, docs, abreviatura de documents), ou doxxing, é a prática virtual de pesquisar e de transmitir dados privados (especialmente informações pessoalmente identificáveis) sobre um indivíduo ou organização.

Os métodos empregados para adquirir essas informações incluem a procura de bancos de dados disponíveis publicamente e mídias sociais (como o Google), hacking, e engenharia social. Está intimamente relacionado com a vigilância na internet e hacktivismo.

"Doxing" é um neologismo que tem evoluído ao longo de sua breve história. Ele vem de uma ortografia alteração da abreviatura "docs" ("documentos") e se refere a "compilando e lançando um dossiê de informações pessoais sobre alguém". Essencialmente, doxing é abertamente revelar e divulgar registros de um indivíduo, que anteriormente eram privados ou difíceis de obter.

Doxing pode ser realizada por várias razões, incluindo ajudar a exercer a lei, análise de negócios, extorsão, coerção, assédio, humilhação online e agir como vigilante da justiça. Sendo assim, pode ser tanto um cibercrime quanto uma investigação legítima por motivos jurídicos ou comerciais.

O termo dox deriva da gíria "dropping dox" (algo como liberando documentos), que, de acordo com o escritor Mat Honan, do site de notícias Wired, foi "uma tática de vingança old-school que emergiu da cultura hacker da década de 1990". Hackers que operavam fora da lei naquela época usavam a violação do anonimato de um adversário como meio de assédio ou de repercussões legais.

De tal forma, doxing muitas vezes vem com uma conotação negativa, porque pode ser um veículo usado como vingança, através da violação da privacidade.

Lawfare

Lawfare (formada do inglês law, "direito", e warfare, "guerra", em português: guerra jurídica) é uma palavra-valise introduzida nos anos 1970 e que originalmente se refere a uma forma de guerra na qual o direito é usado como arma. Basicamente, seria o emprego de manobras jurídico-legais como substituto de força armada, visando alcançar determinados objetivos de política.

Juristas entendem lawfare como um uso ilegítimo da legislação (nacional ou internacional) em manobras jurídicas com a finalidade de causar danos a um adversário político (estrangulando-o financeiramente, encurtando seus prazos etc.) de modo que este não possa perseguir objetivos, tais como concorrer a uma função pública. Nesse sentido, a lawfare seria comparável ao uso estratégico de processos judiciais visando criar impedimentos a adversários políticos - uma prática conhecida, nos países anglo-saxões, como SLAPP, acrônimo de strategic lawsuit against public participation ('ação judicial estratégica contra a participação pública').

No contexto político brasileiro recente, o termo lawfare tem sido empregado principalmente no sentido de uso de instrumentos jurídicos para fins de perseguição política, destruição da imagem pública e inabilitação de um adversário político. Nesse sentido, uma característica fundamental da lawfare seria o uso de acusações sem materialidade, incluindo-se também, entre suas táticas, as seguintes:

• Manipulação do sistema legal, com aparência de legalidade, para fins políticos;

• Instauração de processos judiciais sem qualquer mérito;

• Abuso de direito, com o intuito de prejudicar a reputação de um adversário;

• Promoção de ações judiciais para desacreditar o oponente;

• Tentativa de influenciar opinião pública com utilização da lei para obter publicidade negativa;

• Judicialização da política: a lei como instrumento para conectar meios e fins políticos;

• Utilização do direito como forma de constranger o adversário;

• Bloqueio e retaliação das tentativas dos adversários de fazer uso de procedimentos e normas legais disponíveis para defender seus direitos.

Manipulação de Mídia

A Manipulação da Mídia (Media Manipulation) é uma série de técnicas relacionadas nas quais os partidários criam uma imagem ou argumento que favorece seus interesses particulares. Essas táticas podem incluir o uso de falácias lógicas, manipulações psicológicas, engano total (desinformação), técnicas retóricas e de propaganda e, muitas vezes, envolvem a supressão de informações ou pontos de vista, excluindo-os, induzindo outras pessoas ou grupos de as pessoas parem de ouvir certos argumentos ou simplesmente desviem a atenção para outro lugar. Em Propaganda: a formação das atitudes dos homens, Jacques Ellul escreve que a opinião pública só pode se expressar através dos canais fornecidos pelos meios de comunicação de massa - sem os quais não poderia haver propaganda. É usado em relações públicas, propaganda, marketing etc. Embora o objetivo para cada contexto seja bastante diferente, as técnicas gerais são frequentemente semelhantes.

Spin Doctors (Spinmeisters)

Nas relações públicas e na política, o spin é uma forma de propaganda, alcançada através do fornecimento consciente de uma interpretação tendenciosa de um evento ou campanha para influenciar a opinião pública sobre alguma organização ou figura pública. Embora as relações públicas e a publicidade tradicionais possam administrar a apresentação dos fatos, "giro" frequentemente implica o uso de táticas falsas, enganosas e manipuladoras.

Devido à frequente associação entre spin e conferências de imprensa (especialmente conferências de imprensa do governo), a sala em que essas conferências acontecem é por vezes descrita como "sala de spin". Assessores de relações públicas, pesquisadores e consultores de mídia que desenvolvem mensagens enganosas ou enganosas podem ser chamados de "spin doctor" ou "spinmeisters".

Uma tática padrão usada em "girar" é reformular ou modificar a percepção de um problema ou evento para reduzir qualquer impacto negativo que possa ter sobre a opinião pública. Por exemplo, uma empresa cujo produto mais vendido apresenta um problema de segurança significativo pode "reformular" a questão criticando a segurança dos produtos de seu principal concorrente ou destacando o risco associado a toda a categoria de produtos.

Isso pode ser feito usando uma "catchy" slogan ou frase de efeito que pode ajudar a persuadir o público de tendenciosa da empresa ponto de vista. Essa tática pode permitir à empresa redirecionar a atenção do público para longe dos aspectos negativos de seu produto.

Spinning é normalmente um serviço prestado por assessores de mídia pagos e consultores de mídia. As maiores e mais poderosas empresas podem ter funcionários internos e unidades sofisticadas com experiência em questões de fiação. Embora o giro seja frequentemente considerado uma tática do setor privado, nas décadas de 1990 e 2000 alguns políticos e funcionários políticos foram acusados de usar táticas enganosas de "giro" para manipular ou enganar o público.

Spin pode incluir "enterrar" novas informações potencialmente negativas, liberando-as no final do dia de trabalho no último dia antes de um fim de semana prolongado; escolher seletivamente citações de discursos anteriores feitos por seu empregador ou um político adversário para dar a impressão de que eles defendem uma determinada posição; sobre um político ou candidato adversário que os coloca sob uma luz negativa.

Guerra Memética

A guerra memética é um tipo moderno de guerra de informação e guerra psicológica que envolve a propagação de memes nas redes sociais através da "plataforma de armamento".

Na ficção, o jogo Transhuman Space de 2002 apresentou o mundo de 2100 como tendo a "memética" como uma tecnologia chave e a expansão de 2004 "Transhuman Space: Toxic Memes" deu exemplos de "agentes meméticos da guerra".

Memetics: A Growth Industry in US Military operações foi publicado em 2005 por Michael Prosser, agora Tenente Coronel do Corpo de Fuzileiros Navais. Ele propôs a criação de um "Centro de Guerra Meme".

Em Psicologia Evolucionária, Memes e a Origem da Guerra (2006), Keith Henson definiu memes como "replicar padrões de informação: maneiras de fazer as coisas, elementos aprendidos da cultura, crenças ou ideias."

A Guerra Memética foi seriamente estudada como um conceito importante no que diz respeito à guerra de informação pelo Centro de Excelência de Comunicações Estratégicas da OTAN.

Jeff Giesea, escrevendo no jornal Stratcom COE Defense Strategic Communications da OTAN, define Guerra Memética como "competição por narrativas, ideias e controle social em um campo de batalha de mídia social. Pode-se pensar nisso como um subconjunto de "operações de informação" adaptadas à social mídia. As operações de informação envolvem a coleta e disseminação de informações para estabelecer uma vantagem competitiva sobre um oponente". De acordo com Jacob Siegel, "Os memes parecem funcionar como os IEDs da guerra de informação. Eles são ferramentas naturais de uma insurgência; ótimos para explodir coisas, mas provavelmente sabotarão os efeitos desejados quando manipulados pelo ator maior em um conflito assimétrico".

Trend Analysis (Análise de Tendências)

A análise de tendências é a prática difundida de coletar informações e tentar localizar um padrão. Em alguns campos de estudo, o termo "análise de tendências" tem significados definidos mais formalmente.

Embora a análise de tendência seja frequentemente usada para prever eventos futuros, ela pode ser usada para estimar eventos incertos no passado, como quantos reis antigos provavelmente governaram entre duas datas, com base em dados como a média de anos em que outros reis conhecidos reinaram.

Inbound Marketing

Inbound marketing ou marketing de atração é uma forma de publicidade on-line na qual uma empresa se promove através de blogs, podcasts, vídeo, e-Books, newsletters, whitepapers, SEO e outras formas de marketing de conteúdo. O inbound marketing se diferencia dos métodos tradicionais para conseguir atrair a atenção de potenciais clientes, pois não são feitas compras de espaços publicitários em meios como rádio, televisão, flyers, telemarketing, entre outros.

Na prática, a empresa gera conteúdo de "qualidade" para conseguir autoridade na internet.

A partir da, os clientes são captados através dos assuntos que eles procuram e que fazem parte do site da empresa.

Além das técnicas citadas anteriormente, os testes A/B são muito usados para uma estratégia de inbound efetiva.

Este termo passou a ser usado pelo Brian Halligan, cofundador do HubSpot, uma das principais agências de inbound marketing do mundo.

O inbound é um estilo de marketing que foca na otimização do seu negócio para não correr atrás de clientes. É comum dizer no mercado que essa estratégia não compra a atenção dos clientes, pois a empresa gera conteúdo altamente relevante para e o próprio consumidor vai de encontro à empresa.

Tais relações vão desde a venda de produtos relacionados aos clientes já fidelizados, novos produtos do mesmo nicho ou até mesmo produtos distintos que o cliente pode se interessar.

Inbound Marketing nada mais é do que o conjunto de estratégias com o objetivo de atrair e converter usuários espontaneamente.

Ele se baseia no relacionamento com o potencial cliente, com estratégias de atração aliada com marketing de conteúdo e automação de marketing.

A Democracia Ciborgue utiliza ativamente inbound marketing, principalmente para sites da "mídia alternativa" que divulgam Pós-Verdades, Fake News e Desinformação.

Através destas ferramentas eles acionam automações para subirem a audiência do site no Google (https://analytics.google.com/analytics/web/) e incrementarem o faturamento via Google Adsense (https://www.google.com/adsense).

Serve também para monitorar o desempenho das Pós-Verdades, Fake News e Desinformação para investirem em promoção através do Google Ads (https://ads.google.com/intl/pt-BR_br/home/).

Através da mesma tecnologia a Democracia Ciborgue utiliza automações para colocar as suas "inverdades" nas primeiras posições do buscador do Google, o Search.

Communal Reinforcement

O reforço comunitário é um fenômeno social no qual um conceito ou ideia é repetidamente afirmado em uma comunidade, independentemente de haver evidência empírica suficiente apresentada para apoiá-lo. Com o tempo, o conceito ou ideia é reforçado para se tornar uma forte crença na mente de muitas pessoas e pode ser considerado pelos membros da comunidade como um fato. Muitas vezes, o conceito ou ideia pode ser ainda mais reforçado por publicações na mídia de massa, livros, ou outro meio de comunicação. A frase "milhões de pessoas não podem estar todas erradas" indica a tendência comum de aceitar uma ideia reforçada pela comunidade sem questionar, o que muitas vezes ajuda na aceitação generalizada de factoides.

Argumentum Ad Populum

Na teoria da argumentação, um argumentum ad populum (latim para "apelo ao povo") é um argumento falacioso que conclui que uma proposição deve ser verdadeira porque muitas ou a maioria das pessoas acredita nela, muitas vezes resumido de forma concisa como: "Se muitos acreditam então é assim".

Outros nomes para a falácia incluem falácia de crença comum ou apelo à crença (comum), apelo à maioria, apelo às massas, apelo à popularidade, argumento de consenso, autoridade de muitos, falácia do movimento, consenso gentium (latim para "acordo do povo"), falácia democrática e recurso de multidão.

Efeito Bandwagon

O Efeito Bandwagon é a tendência de um indivíduo adquirir um determinado estilo, comportamento ou atitude porque todo mundo está fazendo isso. É um fenômeno pelo qual a taxa de aceitação de crenças, ideias, modismos e tendências aumenta em relação à proporção de outras pessoas que já o fizeram. À medida que mais pessoas passam a acreditar em algo, outras também "entram na onda", independentemente das evidências subjacentes.

Seguir as ações ou crenças de outras pessoas pode ocorrer porque os indivíduos preferem se conformar ou porque os indivíduos obtêm informações de outros. Um exemplo disso são as tendências da moda, em que a popularidade crescente de uma determinada roupa ou estilo encoraja mais pessoas a "entrar na onda".

Quando os indivíduos fazem escolhas racionais com base nas informações que recebem de outros, os economistas propõem que cascatas de informações podem se formar rapidamente, nas quais as pessoas decidem ignorar seus sinais de informações pessoais e seguir o comportamento dos outros. As cascatas explicam por que o comportamento é frágil, pois as pessoas entendem que seu comportamento é baseado em uma quantidade muito limitada de informações. Como resultado, os modismos se formam facilmente, mas também são facilmente desalojados.

Foot-in-the-door (FITD)

A técnica Foot-in-the-door (FITD) é uma tática de conformidade que visa fazer uma pessoa concordar com uma grande solicitação, fazendo com que ela concorde com uma solicitação modesta primeiro. Essa técnica funciona criando uma conexão entre a pessoa que está solicitando uma solicitação e a pessoa solicitada. Se uma solicitação menor for concedida, a pessoa que está concordando se sente obrigada a continuar concordando com solicitações maiores para permanecer consistente com a decisão original de concordar. Essa técnica é usada de várias maneiras e é uma tática bem pesquisada para fazer com que as pessoas atendam às solicitações. O ditado é uma referência a um vendedor de porta em porta que evita que a porta feche com o pé, não dando ao cliente outra escolha a não ser ouvir o discurso de vendas.

Pressão dos Pares

A pressão dos pares é a influência direta dos pares sobre as pessoas, ou o efeito sobre um indivíduo que é encorajado a seguir seus pares mudando suas atitudes, valores ou comportamentos para se conformar com aqueles do grupo ou indivíduo que os influencia. Isso pode resultar em um efeito positivo ou negativo, ou em ambos. Os grupos sociais afetados incluem grupos de filiação, nos quais os indivíduos são "formalmente" membros (como partidos políticos, sindicatos, escolas) e cliques, em que a adesão não está claramente definida. No entanto, uma pessoa não precisa ser membro ou estar tentando se tornar membro de um grupo para ser afetada pela pressão dos pares. Tem havido um estudo considerável sobre os efeitos da pressão dos pares sobre crianças e adolescentes, e no discurso popular o termo é mais usado nos contextos dessas faixas etárias. Para as crianças, os temas comuns de estudo dizem respeito às suas habilidades para tomar decisões independentes; para adolescentes, a relação da pressão dos pares com relação sexual e abuso de substâncias foi pesquisa de forma significativa. A pressão dos pares pode afetar indivíduos de todas as etnias, gêneros e idades, no entanto. A pressão dos colegas mudou da interação estritamente face a face para a interação digital também. A mídia social oferece oportunidades para adolescentes e adultos de instilar e / ou sentir pressão todos os dias. A pesquisa sugere que não apenas os indivíduos, mas também as organizações, como grandes corporações, são suscetíveis às pressões dos pares, como pressões de outras empresas em seu setor ou na cidade-sede.

Content Farm

No contexto da internet, um Content Farm (ou Content Mill) é uma "empresa" que emprega muitos escritores freelances para gerar uma grande quantidade de conteúdo textual que é projetado especificamente para satisfazer algoritmos para recuperação máxima por mecanismos de pesquisa automatizados conhecidos como SEO (Search Engine Optimization). Seu principal objetivo é gerar receita de publicidade por meio da atração de visualizações de páginas de leitores, conforme exposto pela primeira vez no contexto de spam social.

Descobriu-se que os artigos em fazendas de conteúdo contêm passagens idênticas em várias fontes de mídia, levando a perguntas sobre os sites que colocam os objetivos de otimização do mecanismo de pesquisa acima da relevância factual. Os defensores dos farms de conteúdo afirmam que, de uma perspectiva de negócios, o jornalismo tradicional é ineficiente. As fazendas de conteúdo frequentemente encomendam o trabalho de seus escritores com base na análise de consultas em mecanismos de pesquisa que os proponentes representam como "a verdadeira demanda do mercado", um recurso que o jornalismo tradicional supostamente carece.

Efeito de Falso Consenso

Em psicologia, o efeito do falso consenso, também conhecido como viés do consenso, é um viés cognitivo generalizado que faz com que as pessoas "vejam suas próprias escolhas e julgamentos comportamentais como relativamente comuns e apropriados às circunstâncias existentes". Em outras palavras, eles assumem que suas qualidades pessoais, características, crenças e ações são relativamente difundidas pela população em geral.

Esse falso consenso é significativo porque aumenta a autoestima (efeito do excesso de confiança). Pode ser derivado de um desejo de se conformar e ser apreciado por outras pessoas em um ambiente social. Esse viés é especialmente prevalente em ambientes de grupo, onde se pensa que a opinião coletiva de seu próprio grupo corresponde à da população em geral. Como os membros de um grupo chegam a um consenso e raramente encontram quem o contesta, eles tendem a acreditar que todos pensam da mesma maneira. O efeito do falso consenso não se restringe aos casos em que as pessoas acreditam que seus valores são compartilhados pela maioria, mas ainda se manifesta como uma superestimava da extensão de sua crença.

Além disso, quando confrontadas com evidências de que não existe um consenso, as pessoas frequentemente presumem que aqueles que não concordam com elas são defeituosos de alguma forma. Não há uma causa única para esse viés cognitivo; a disponibilidade heurística, preconceito egoísta e realismo ingênuo foram sugeridos como fatores subjacentes pelo menos parciais. O preconceito também pode resultar, pelo menos em parte, de associações não sociais de estímulo-recompensa. A manutenção desse viés cognitivo pode estar relacionada à tendência de tomar decisões com relativamente poucas informações. Quando confrontadas com a incerteza e com uma amostra limitada a partir da qual tomar decisões, as pessoas muitas vezes se "projetam" na situação. Quando esse conhecimento pessoal é usado como entrada para fazer generalizações, geralmente resulta na falsa sensação de fazer parte da maioria.

O efeito do falso consenso foi amplamente observado e apoiado por evidências empíricas. Pesquisas anteriores sugeriram que fatores cognitivos e perceptivos (projeção motivada, acessibilidade de informação, emoção etc.) podem contribuir para o viés de consenso, enquanto estudos recentes têm enfocado seus mecanismos neurais. Um estudo recente mostrou que o viés de consenso pode melhorar as decisões sobre as preferências de outras pessoas. Ross, Green e House definiram pela primeira vez o efeito do falso consenso em 1977, com ênfase na relativa comunidade que as pessoas percebem sobre suas próprias respostas; entretanto, fenômenos de projeção semelhantes já haviam chamado à atenção na psicologia. Especificamente, preocupações com relação às conexões entre as predisposições pessoais dos indivíduos e suas estimativas de pares apareceram na literatura por um tempo. Por exemplo, Katz e Allport em 1931 ilustraram que as estimativas dos alunos da quantidade de outros na frequência de trapacear estavam positivamente correlacionadas com seu próprio comportamento. Mais tarde, por volta de 1970, os mesmos fenômenos foram encontrados nas crenças políticas e na situação do dilema do prisioneiro. Em 2017, os pesquisadores identificaram um viés egocêntrico persistente quando os participantes aprenderam sobre as preferências de lanches de outras pessoas.

O efeito do falso consenso pode ser contrastado com a ignorância pluralística que acontece quando os membros do grupo variam em suas expectativas ou discordam da norma do grupo, mas se sentem diferentes do resto do grupo e agem publicamente de forma semelhante a eles.

Polarização de Grupo

Em psicologia social, polarização de grupo se refere à tendência de um grupo tomar decisões mais extremas do que a inclinação inicial de seus membros. Essas decisões mais extremas apontam para um risco maior se as tendências iniciais dos indivíduos forem arriscadas e para uma maior cautela se as tendências iniciais dos indivíduos forem cautelosas. O fenômeno também afirma que a atitude de um grupo em relação a uma situação pode mudar no sentido de que as atitudes iniciais dos indivíduos se fortaleceram e se intensificaram após a discussão em grupo, um fenômeno conhecido como polarização de atitude.

Exposição Seletiva

A exposição seletiva é uma teoria dentro da prática da psicologia, frequentemente usada em pesquisas de mídia e comunicação, que historicamente se refere à tendência dos indivíduos de favorecer informações que reforçam suas visões pré-existentes, evitando informações contraditórias. A exposição seletiva também foi conhecida e definida como "viés de congenialidade" ou "viés de confirmação" em vários textos ao longo dos anos.

De acordo com o uso histórico do termo, as pessoas tendem a selecionar aspectos específicos das informações expostas que incorporam à sua mentalidade. Essas seleções são feitas com base em suas perspectivas, crenças, atitudes e decisões. As pessoas podem dissecar mentalmente as informações às quais estão expostas e selecionar evidências favoráveis, enquanto ignoram as desfavoráveis. O fundamento desta teoria está enraizado na teoria da dissonância cognitiva (Festinger 1957), que afirma que quando os indivíduos são confrontados com ideias contrastantes, certos mecanismos de defesa mental são ativados para produzir harmonia entre novas ideias e crenças pré-existentes, o que resulta em equilíbrio cognitivo. O equilíbrio cognitivo, que é definido como um estado de equilíbrio entre a representação mental de uma pessoa do mundo e seu ambiente, é crucial para entender a teoria da exposição seletiva. De acordo com Jean Piaget, quando ocorre uma incompatibilidade, as pessoas a consideram "intrinsecamente insatisfatória".

A exposição seletiva baseia-se no pressuposto de que a pessoa continuará a buscar informações sobre uma questão, mesmo depois que o indivíduo tiver tomado uma posição a respeito. A posição que uma pessoa assumiu será influenciada por vários fatores dessa questão que são reforçados durante o processo de tomada de decisão.

A exposição seletiva tem sido exibida em vários contextos, como situações de interesse próprio e situações em que as pessoas têm preconceitos em relação a grupos externos, opiniões particulares e questões pessoais e relacionadas a grupos. A utilidade percebida da informação, a norma percebida de justiça e a curiosidade de informações valiosas são três fatores que podem neutralizar a exposição seletiva.

Estereótipos

Na psicologia social, um estereótipo é uma crença generalizada sobre uma determinada categoria de pessoas. É uma expectativa que as pessoas podem ter sobre cada pessoa de um determinado grupo. O tipo de expectativa pode variar; pode ser, por exemplo, uma expectativa sobre a personalidade, preferências, aparência ou habilidade do grupo.

Embora tais generalizações sobre grupos de pessoas possam ser úteis na tomada de decisões rápidas, elas podem ser errôneas quando aplicadas a indivíduos específicos e estão entre as razões para atitudes preconceituosas.

Flaming

Flaming é uma interação hostil entre usuários da Internet, através de mensagens ofensivas. Tais mensagens são chamadas de flames (tradução literal para o português: chama, labaredas) e, na maioria dos casos, são publicadas em respostas às mensagens de conteúdo considerado provocativo ou ofensivo para aquele que publicou o flame.

O flaming geralmente ocorre no contexto de um fórum na Internet, no Internet Relay Chat (IRC), Usenet, por e-mail, por servidores de jogos, como Xbox Live ou PlayStation Network ou em sites de compartilhamento de vídeos. Frequentemente resulta da discussão de questões candentes do mundo real, relacionadas com política, religião e filosofia, ou de questões que polarizam grupos, mas também pode ser provocado por divergências aparentemente triviais.

O flaming deliberado, ao contrário daquele que resulta de discussões emocionais, é realizado por indivíduos conhecidos como flamers, que são especialmente interessados em incitar o flaming, geralmente em uma conversa sobre questões controversas. Existem mesmo alguns sites dedicados aos flamers e trolls, oferecendo-lhes um ambiente livre, como o flame.warsforum.com.

Lei de Poe

A lei de Poe é uma observação sobre comportamento em debates na internet que estabelece que, na ausência de algo que indique a real intenção do autor, torna-se difícil ou mesmo impossível de saber se o que o autor diz é um extremismo genuíno ou uma simples paródia de extremismo. Tem origem na frase a seguir:

"Sem um emoticon representando uma piscadela ou outra óbvia manifestação de humor, é completamente impossível parodiar um criacionista de maneira que ninguém vá confundir com uma afirmação genuína". — Texto original em inglês: "Without a winking smiley or other blatant display of humor, it is uttrerly impossible to parody a Creationist in such a way that someone won't mistake for the genuine article.".

A lei recebeu o nome de Nathan Poe, que a formulou no fórum de debate na internet em christianforums.com em 2005.

Embora originalmente se referisse ao criacionismo biblicista, a definição posteriormente foi estendida a qualquer tipo de fundamentalismo ou extremismo ideológicos.

É frequentemente citada em debates sobre tais temas, tanto em fóruns de discussão quanto em redes sociais.

Factoides

Um factoide (nova grafia, pelo Acordo Ortográfico da Língua Portuguesa) é uma declaração (falsa, não verificada, ou fabricada) questionável ou espúria apresentada como fato, mas sem provas. O termo também pode ser utilizado para descrever um fato especialmente insignificante ou novo, na ausência de contexto muito relevante. O termo é definido pelo Compact Oxford English Dictionary como "um item de informação não confiável que é repetido tantas vezes que se torna aceito como fato".

Non Sequitur

Non sequitur é uma expressão em língua latina (traduzida para português como "não se segue") que designa a falácia lógica na qual a conclusão não decorre das premissas. Em um non sequitur, a conclusão pode ser verdadeira ou falsa, mas o argumento é falacioso porque há falta de conexão entre a premissa inicial e a conclusão. Existem diversas variações de non sequitur, e outras falácias lógicas se originam dele, tais como a afirmação do consequente e a negação do antecedente.

Argumentum Ad Hominem

Argumentum ad hominem (latim, argumento contra a pessoa) é uma falácia identificada quando alguém procura negar uma proposição com uma crítica ao seu autor e não ao seu conteúdo.

A falácia ocorre porque conclui sobre o valor da proposição sem examinar seu conteúdo. De acordo com Stephen Downes:

"Ataca-se pessoa que apresentou um argumento e não o argumento que apresentou. A falácia ad hominem assume muitas formas. Ataca, por exemplo, o carácter, a nacionalidade, a raça ou a religião da pessoa. Em outros casos, a falácia sugere que a pessoa, por ter algo a ganhar com o argumento, é movida pelo interesse. A pessoa pode ainda ser atacada por associação ou pelas suas companhias. Todavia o carácter ou as circunstâncias da pessoa nada tem a ver com a verdade ou falsidade da proposição defendida."

O argumento contra a pessoa é uma das falácias caracterizadas pelo elemento da irrelevância, por concluir sobre o valor de uma proposição através da introdução, dentro do contexto da discussão, de um elemento que não tem relevância para isso, que neste caso é um juízo sobre o autor da proposição.

Pode ser agrupado também entre as falácias que usam o estratagema do desvio de atenção, ao levar o foco da discussão para um elemento externo a ela, que são as considerações pessoais sobre o autor da proposição.

Contra Dados Estatísticos Não Há Argumentos

No Brasil, de acordo com uma pesquisa da Universidade de Oxford de 2018, o uso de práticas desonestas na Internet para influenciar as pessoas acontece desde 2010, já usando as técnicas da democracia direta digital criadas pelo Movimento 5 Estrelas da Itália no começo do século. Contas fakes, bots, mensagens de distração, entre outras práticas, foram usadas durante duas campanhas presidenciais e o impeachment. Contratos entre partidos políticos e as empresas que viabilizam essas práticas têm valores de até R$ 10 milhões, como mostra o relatório. Conheça, a seguir, as principais descobertas do estudo de Oxford:

1. Pelos menos 48 países têm partidos ou organizações governamentais usando as redes sociais para manipular a opinião pública;

2. As campanhas de desinformação acontecem principalmente durante eleições ou crises de confiança no governo;

3. Em 20% dos 48 países, apps como WhatsApp, Telegram e Wechat são usados para transmitir informações falsas;

4. As propagandas políticas e sociais envolvem automação nas redes, times de comentaristas, produção de conteúdo falsos, assédio e criação de distrações;

5. Desde 2010, partidos e governos já gastaram mais de meio bilhão de dólares em manipulação via mídias sociais;

A modulação e programação da Internet refere-se à adaptação de tecnologia digital, como algoritmos de mídia social e scripts automatizados, para fins comerciais, sociais ou políticos. Tais táticas podem ser empregadas com a intenção explícita de programar a opinião pública, polarizar cidadãos, silenciar dissidentes políticos, prejudicar adversários políticos ou corporativos e melhorar a reputação pessoal ou da marca. Foi relatado que hackers, profissionais contratados e cidadãos particulares se envolveram na modulação da Internet usando software - normalmente bots da Internet, como bots sociais, votebots e clickbots.

A Utilização da Pós-Verdade na Democracia Ciborgue

Pós-verdade é um neologismo que descreve a situação na qual, na hora de criar e modelar a opinião pública, os fatos objetivos têm menos influência que os apelos às emoções e às crenças pessoais. Na cultura política, se denomina política da pós-verdade (ou política pós-factual) aquela na qual o debate se enquadra em apelos emocionais, desconectando-se dos detalhes da política pública, e pela reiterada afirmação de pontos de discussão nos quais as réplicas fáticas — os fatos — são ignoradas. A pós-verdade difere da tradicional disputa e falsificação da verdade, dando-lhe uma "importância secundária". Resume-se como a ideia em que "algo que aparente ser verdade é mais importante que a própria verdade". Para alguns autores, a pós-verdade é simplesmente mentira, fraude ou falsidade encobertas com o termo politicamente correto de "pós-verdade", que ocultaria a tradicional propaganda política.

Em 2016, a Oxford Dictionaries, departamento da Universidade de Oxford responsável pela elaboração de dicionários, elegeu o vocábulo "pós-verdade" como a palavra do ano na língua inglesa. Segundo a mesma instituição, o termo "pós-verdade" com a definição atual foi usado pela primeira vez em 1992 pelo dramaturgo sérvio-americano Steve Tesich. O termo tem sido empregado com alguma constância desde meados da década de 2000, mas houve um pico de uso da palavra com o crescimento das mídias sociais. Só no ano de 2016, por exemplo, houve um crescimento 2.000% no uso do termo.

As emoções e convicções pessoais passam a ter mais importância que os fatos objetivos, sobretudo nas escolhas políticas. Isso é particularmente verdadeiro no Brasil, dominado há anos por uma polarização na qual os fatos importam pouco ou nada, atropelados que são pelas narrativas dos campos em disputa.

A pós-verdade só pode prosperar em um ambiente no qual a indignação das pessoas diante da desonestidade e da falsidade dos políticos dá lugar à indiferença e, em seguida, à conivência. Em um mundo no qual a mentira é percebida como regra, e não exceção, é como se todos fossem mentirosos, mesmo quem fala a verdade. Assim, o que nos resta é escolher a mentira mais adequada aos nossos interesses, ou aquela que nos traz mais segurança emocional. Estabelece-se, assim, uma falsa equivalência entre todas as narrativas: um artigo de um cientista pode valer até menos que um post viralizado nas redes sociais.

Como, diante da avalanche de notícias e opiniões que nos assaltam na mídia e nas redes sociais, ficou cada vez mais difícil distinguir o verdadeiro do falso, o objetivo do subjetivo, nossas escolhas passam a ser feitas com base no sentimento de conforto e adequação ao grupo social. As convicções importam mais que os fatos; as emoções, crenças e ideologias se sobrepõem à verdade; e a reiteração de frases feitas e palavras de ordem agressivas e debochadas substitui, no debate político, a argumentação racional fundada no respeito ao outro e à diferença.

Não se trata, portanto, de mentir ou falsificar os fatos, mas de assumir que a verdade tem importância cada vez mais secundária: o que interessa é manipular e enraizar na opinião pública os valores e convicções que nos beneficiam.

É por isso que, mesmo quando são desmentidos, os militantes teimam em repetir a sua versão dos fatos. Eles sabem que, na maioria das vezes, o enganosamente simples prevalece sobre o honestamente complexo. Mas, à medida que esse comportamento se espalha e os fatos alternativos ganham primazia sobre a realidade, os próprios fundamentos da democracia ficam em risco.

A mentira tem perna curta, mas a pós-verdade… essa se espalha igual a um vírus, contamina tudo e todos.

Cabe muita mentira numa pós-verdade.

Manipular fatos, ocultar elementos importantes na hora de construir uma notícia, espalhar boatos para criar ondas favoráveis ou contrárias a determinadas teses não é uma novidade.

"O que separa verdade de mentira é uma linha tênue, que muitas vezes é borrada."

Quando isso acontece, verdade e mentira se confundem, perde-se a nitidez e o debate público fica embaralhado. Nesse processo se constrói o senso comum, se cristalizam posicionamentos e perde-se a racionalidade na hora de se discutir temas fundamentais para a sociedade.

A manipulação midiática nas redes sociais se constrói em cima dessa linha. Em certos momentos de maneira mais descarada em outros mais envergonhada. Quer mais descaramento do que a frase cunhada por Goebbels "uma mentira dita milhares de vezes se transforma em verdade". O império de Hitler se ergueu sobre essas bases.

Claro que cabe discutir o que é verdade. Filosofia, psicologia, ciências sociais, biologia, física, química, enfim, todas as áreas do conhecimento se embrenham neste debate. Mas não é preciso ir tão longe para identificar uma mentira.

Mas na era da pós-verdade tudo ficou mais fácil.

"Porque a pós-verdade é um salvo conduto para a mentira. Na verdade, ela é a própria mentira, mas de roupa nova, modernizada e com uma capacidade de viralização espantosa."

Ou seja, não importa qual é o acontecimento, o que importa é como você se sente perante ele.

Para tomar a decisão de incorporar o termo ao dicionário, Oxford estudou os casos do Brexit (decisão tomada na Inglaterra para sair da União Europeia) e a eleição de Donald Trump nos EUA. Em torno destes dois acontecimentos explodiram as menções à pós-verdade.

E chega a ser um paradoxo que, diante de uma sociedade vigiada 24 horas por dia, onde qualquer fato pode ser checado facilmente antes de ser propagado, o que esteja prevalecendo seja a mentira.

Ou não, talvez seja exatamente o excesso de informação, que brota numa quantidade e numa velocidade tão astronômica, que nos deixa vulneráveis e incapazes de discernir o real do imaginário. Se somarmos isso à radicalização do momento político, de extremismos em todos os campos, então relaxa e… que se danem os fatos.

"As convicções são inimigas mais perigosas da verdade do que as mentiras". (Friedrich Nietzsche)

Uma forma razoavelmente simples de explicar o neologismo é a prevalência da versão artificialmente construída sobre o fato, histórias fabricadas a partir de determinados contextos para parecerem verdades, com vistas a atingir objetivos específicos.

A forma de comunicação pelas chamadas redes sociais potencializa o uso do fenômeno da pós-verdade. No Brasil, a democracia ciborgue elevou à enésima potência a capacidade de desvirtuar fatos para fazer valer sua narrativa.

Nas eleições de 2018, tínhamos um candidato que é pai de cinco filhos com três mulheres diferentes, nem todos os oriundos do referido período de casamento. Seu adversário principal, era casado há mais de 30 anos com a mesma mulher, e pai de dois filhos com ela. No entanto, foi o primeiro quem se consolidou como candidato da família cristã e conservadora.

A explicação do evidente paradoxo pode ser encontrada na comunicação, como a informação alcançava a ponta, o eleitor. As fakes news são a amostra da pós-verdade na interlocução e influência via redes sociais.

A busca da democracia ciborgue pelo controle da verdade por meio da comunicação em redes sociais continuou após a eleição e, recentemente, atingiu seu apogeu.

A divulgação de falsas notícias conduz a uma banalização da mentira e, deste modo, à relativização da verdade. O valor ou a credibilidade dos meios de comunicação se vêm reduzidos diante das opiniões pessoais.

Os acontecimentos passam a um segundo plano, enquanto o "como" se conta a história ganha importância e se sobrepõe ao "o quê".

Não se trata, então, de saber o que ocorreu, mas de escutar, assistir, ver, ler a versão dos fatos que mais concorda com as ideologias de cada um.

As notícias falsas se espalham 70% mais rápido que as verdadeiras e alcançam muito mais gente. A conclusão é do maior estudo já realizado sobre a disseminação de notícias falsas na internet, realizado por cientistas do Instituto de Tecnologia de Massachusetts (MIT, na sigla em inglês), dos Estados Unidos (abril 2021).

Existem sete tipos básicos de pós-verdades usadas como fake news:

1. Sátira ou paródia ("sem intenção de fazer mal, mas tem potencial para enganar").

2. Falsa conexão ("quando as manchetes, visuais das legendas não dão suporte a conteúdo").

3. Conteúdo enganoso ("má utilização da informação para moldar um problema ou de um indivíduo").

4. Contexto falso ("quando o verdadeiro conteúdo é compartilhado com informações falsas contextuais").

5. Conteúdo impostor ("quando fontes verdadeiras são forjadas" com conteúdo falso)

6. Conteúdo manipulado ("quando informação genuína ou imagens são manipuladas para enganar", como fotos "adulteradas").

7. Conteúdo fabricado ("conteúdo novo é 100% falso, projetado para enganar e fazer mal").

Um estudo desenvolvido por pesquisadores do MIT, analisando mais de 120 mil sequências de notícias no Twitter concluiu que notícias falsas se espalham mais depressa, vão mais longe, atingem mais pessoas e tem uma probabilidade muito maior de serem redistribuídas do que as verdadeiras.

A pós-verdade é um poderoso recurso eleitoral, porém está sujeita constantemente a transpor os limites éticos e legais, apesar de terem a complacência clara por parte das mídias sociais, até que sejam julgadas como politicamente incorretas pelas demais mídias e atuadas pelas leis.

É uma decisão arriscada e tem que ser utilizada até o limite da sátira, pois passando deste limite passa a ser um crime.

Os Principais Cabos Eleitorais Mercenários Virtuais da Democracia Ciborgue

Dentro dos seu comitê de campanha de autônomos, aqueles terceirizados, não ligados diretamente a você, mas imprescindíveis para fazer aquele trabalho imprescindível com o qual você não pode nem deve se envolver.

Vamos conhecer seus milicianos anônimos virtuais, os MAV, personagens políticos muito populares nas mídias sociais, que geram são seguidos por muitos bots, usuários reais turbinados e são viralizados por integrações feitas através dos módulos de desenvolvimento das mídias sociais.

Como estes perfis geram muito engajamento e audiência para as mídias sociais, eles habitualmente geram muito engajamento e audiência para elas, possuindo as vezes centenas de milhares de seguidores reais e não reais.

Vamos conhecê-los.

Sockpuppets

Um fantoche ou Sockpuppet é uma identidade on-line usado para fins de engano. O termo, uma referência à manipulação de um boneco de mão simples feito de uma meia, originalmente se referia a uma falsa identidade assumida por um membro de uma comunidade da Internet que falava consigo mesmo, ou sobre si mesmo, fingindo ser outra pessoa.

O uso do termo expandiu-se para agora incluem outros usos enganosos de identidades on-line, tais como aqueles criados para o louvor, defender ou apoiar uma pessoa ou organização, para manipular a opinião pública, ou a restrições contornar, suspensão ou um banimento total de um site. Uma diferença significativa entre o uso de um pseudônimo e a criação de um Sockpuppet é que o Sockpuppet se apresenta como um terceiro independente não afiliado ao operador da conta principal. Sockpuppets não são bem-vindos em muitas comunidades e fóruns online.

A rede social Twitter é de longe a mais utilizada pelos Sockpuppets. Há inclusive todo um esquema de proteção visível, por parte do Twitter, para este tipo e perfil que atrai centenas de milhares de seguidores, produz os efeitos cardume e de manada. Como Twitter é divulgado também no buscador do Google, isso gera muito efeito viral. O Twitter e o Google inclusive defendem judicialmente, até as últimas instâncias, perfis Sockpuppets envolvidos em crimes digitais (como na da CPMI das Fake News brasileira e CPI da Covid) e até em crimes do mundo criminal real, como o MP-RJ do Brasil nas investigações do caso do assassinato da socióloga Marielle Franco. O Google no Brasil inclusive utiliza um dos mais conceituados (e caros) escritórios de advocacia do Brasil o Lee, Brock e Camargo Advogados , enquanto o Twitter utiliza o escritório Pinheiro Advogados. Já o Google utiliza o escritório Pinheiro Neto.

Trolls

Os Trolls são os perfis descartáveis, ou seja: aqueles que podem correr os riscos de serem banidos pelas redes sociais, porém geralmente não tem uma segunda, terceira, quarta, quinta etc. contas guardadas e sendo inchadas de seguidores para entrar em funcionamento com o mesmo nome e imagem indicando ser a nª (enésima) conta. Ao contrário dos Sockpuppets, os Trolls podem correr riscos pois não dependem diretamente da quantidade de seguidores, pois são "levantados" pelos próprios Sockpuppets e Influencers Cavos Reais que normalmente espalham seus tweets. Em algumas redes sociais, como o Twitter o Troll e Sockpuppet podem inclusive se confundir, dada a afinidade notória do Twitter com estes tipos de perfis gerando um menor risco de penalização e banimento.

Um Trol ou por vezes grafado como Troll (em inglês britânico: IPA: [tɹʷəʊɫ] ou IPA: [tɹʷɒɫ], "truâul" ou "truóal"; em inglês americano: IPA: [tɻʷoʊɫ], "tchroul", através do termo congénere nas línguas nórdicas com referência à criatura homónima do folclore escandinavo), na gíria da Internet, designa uma pessoa cujo comportamento tende sistematicamente a desestabilizar uma discussão e a provocar e enfurecer as pessoas nela envolvidas. O termo surgiu na Usenet, derivado da expressão trolling for suckers ("lançando a isca para trouxas"), identificado e atribuído aos causadores das sistemáticas flamewars.

O comportamento do Troll pode ser encarado como alguém que busca constantemente atrapalhar o discurso racional. O melhor a fazer é ignorá-lo e geralmente ele desaparece.

Na mitologia nórdica quando o deus Odin se encontrou com o rei dos trolls (criaturas mitológicas) perguntou o que era necessário para que a ordem vencesse o caos. O rei dos trolls respondeu: "me dê um olho seu que eu lhe digo". Odin arrancou um olho e entregou ao rei dos trolls, ele então respondeu: "o segredo é manter os dois olhos bem abertos".

Há trolls de todo tipo, desde o mais ignorante e rude que ofende e provoca floods, até ao mais erudito que discursa com o objetivo de desestabilizar o interlocutor e levá-lo à fúria para depois desqualificá-lo, matando seu argumento e abalando a sua reputação num fórum. Para o troll, a reação a um comentário polêmico é considerada uma diversão, uma forma de extrair prazer na indignação das pessoas e observar seu desequilíbrio emocional e mental.
Há várias sistemáticas desenvolvidas por trolls para atuar num fórum de Internet, entre elas:

1.   Jogar a isca e sair correndo: consiste em postar uma mensagem incendiária, bastante polêmica, já esperando uma grande reação em cadeia. Porém o troll não se envolve mais na discussão; ele some após a mensagem original e se diverte com a repercussão. Uma forma mais branda é postar notícias polêmicas só para observar a reação da comunidade.

2.   Induzir a baixar o nível: alguns trolls testam a paciência dos interlocutores, induzem e persuadem a pessoa a perder o bom senso na discussão e apelar para baixaria e xingamentos. Com isso, o troll "queima o filme", consegue que a pessoa se auto difame na comunidade por ter descido a um nível tão baixo.

3.   Repetição de falácias: outro método usado que induz à fadiga intelectual, em que o troll repete seu conjunto de falácias até que leve seu interlocutor à exaustão, vencendo a discussão por abandono do oponente.

4.   Desfile intelectual: um troll pode ter bom nível intelectual, vocabulário sofisticado diante dos outros discursantes, desfilar referências e contradizer os argumentos dos rivais por conhecimento e pesquisa, muitas vezes os expondo ao ridículo e questionando sua formação educacional.

6.   Transpor autoria: é muito comum também um troll acusar sua vítima de ser um troll para tirar de si a identificação como tal, abrindo caminho para alternativas anteriores.

7.   Ludibriar o leitor: é usado principalmente por postagens em blogs ou em comentários deles, onde normalmente o material enviado é de procedência duvidosa, ou falta com a verdade.

8.   Migrar o tema: o troll levanta questões aparentemente pertinentes ao tema, inserindo aspetos onde esteja mais bem preparado para se pronunciar mesmo que isso custe o desfoque do cerne da questão, objetivando um ponto onde possa desestabilizar o oponente do debate.

O que motiva um troll a agir geralmente são: autoafirmação, ideologia, fanatismo, ou simplesmente ociosidade. Em entrevistas na Usenet, trolls famosos confessaram que buscavam apenas um pouco de atenção e combater o tédio do cotidiano. A maioria deles também portava alguma característica mal resolvida de personalidade, como trauma, fracasso financeiro e amoroso e até diagnósticos psiquiátricos.

Alguns trolls simpatizantes por determinado assunto agem em grupo, muitas vezes numerosos. Dentro desse grupo alguns tem papel na argumentação, outros na ridicularização e outros apenas na concordância, intimidando o adversário emocionalmente e quase sempre o levando a abandonar a discussão. É muito difícil combater trolls em grupo.

Em certos grupos esses indivíduos podem ser forjados por uma única pessoa, respondendo por várias pessoas virtuais diferentes para embasar sua própria opinião. Esse recurso é conhecido como clone e sua eficácia depende de a eficiência da rede social identificar clones por números IP, ou seja, provavelmente não.

Há casos de uma rede social de favorecer a um grupo de trolls e atraírem vítimas a expor a sua opinião e discordância aos temas debatidos, mas que logo em seguida são massacrados por todos. Isso gera o sentimento de satisfação a todos da comunidade.

A trollface é uma figura usada como um meme na Internet para representar um troll, sendo reiteradamente compartilhada e publicada em redes sociais quando se quer representar provocação a alguém ou a alguma pessoa. Esta imagem surgiu em 2008 no site DeviantArt, publicada pela primeira vez pelo usuário Whynne, que a descreveu como uma tentativa fracassada de desenhar um roedor. É considerado como o principal meme e mais conhecido da Internet e se tornou o herói de vários gamers.

O Fenômeno Troll já existia desde o começo da internet e das redes sociais. Infelizmente estes Trolls sempre geraram controvérsias e polêmicas que significa audiência lucrativa para as redes sociais e companhia.

Pombo Enxadrista

O conceito psicológico do complexo do pombo enxadrista, síndrome do pombo enxadrista ou complexo do pombo xadrezista foi criado na Internet como uma ironia com uso expansível a determinada atitude tomada em qualquer debate. É usado para descrever o comportamento de um dos lados em uma discussão, onde um lado (invariavelmente o menos provido de referências e bases técnico-científicas, ou formalismo), sem mais contra-argumentos, age com infantilidade. É comparado ao comportamento de um troll.

Seu comportamento é descrito pela seguinte frase:

Discutir com Fulano é o mesmo que jogar xadrez com um pombo: ele defeca no tabuleiro, derruba as peças e sai voando cantando vitória.

Normalmente em discussões, um dos lados, o mais fraco, quando fica sem argumentos, cai em falácias e começa a agredir verbalmente o interlocutor (propriamente a clássica falácia argumentum ad hominem), para, em seguida, sair "cantando vitória", (falácia da falsa proclamação de vitória). Trata-se de uma técnica inferior de erística.

O termo chess pigeon (pombo enxadrista) surgiu de um comentário feito em 2005 na Amazon por Scott D. Weitzenhoffer em sua avaliação do livro "Evolutionism Vs Creationism: An Introduction" de Eugenie Scott: "Debater com criacionistas sobre o tópico evolução é comparado a tentar jogar xadrez com um pombo – ele derruba as peças, defeca no tabuleiro e volta voando para o seu bando para cantar vitória".

Sabichão Virtual

O efeito Dunning-Kruger é um fenômeno que leva indivíduos que possuem pouco conhecimento sobre um assunto a acreditarem saber mais que outros mais bem preparados, fazendo com que tomem decisões erradas e cheguem a resultados indevidos; é a sua incompetência que restringe sua capacidade de reconhecer os próprios erros. Estas pessoas sofrem de superioridade ilusória.

Em contrapartida, a competência real pode enfraquecer a autoconfiança e algumas pessoas muito capacitadas podem sofrer de inferioridade ilusória. Esses indivíduos podem pensar que não são muito capacitados e subestimar as próprias habilidades, chegando a acreditar que outros indivíduos menos capazes também são tão ou mais capazes do que eles. A esse outro fenômeno dá-se o nome de síndrome do impostor.

Normalmente estes perfis são especialistas em argumentações utilizadas com a intenção de parecer correto, porém quem opta por esse recurso geralmente omite algumas informações por trás do discurso. São das falácias.

As Falácias e Outros Recursos dos Sabichões Virtuais.

O termo falácia deriva do verbo latino fallere, que significa enganar. Designa-se por falácia um raciocínio errado com aparência de verdadeiro. Na lógica e na retórica, uma falácia é um argumento logicamente incoerente, sem fundamento, inválido ou falho na tentativa de provar eficazmente o que alega.

Vamos conhecer as principais.

Espantalho

Você desvirtuou um argumento para torná-lo mais fácil de atacar. Ao exagerar, desvirtuar ou simplesmente inventar um argumento de alguém, fica bem mais fácil apresentar a sua posição como razoável ou válida. Este tipo de desonestidade não apenas prejudica o discurso racional, como também prejudica a própria posição de alguém que o usa, por colocar em questão a sua credibilidade – se você está disposto a desvirtuar negativamente o argumento do seu oponente, será que você também não desvirtuaria os seus positivamente? Exemplo: Depois de Felipe dizer que o governo deveria investir mais em saúde e educação, Jader respondeu dizendo estar surpreso que Felipe odeie tanto o Brasil, a ponto de querer deixar o nosso país completamente indefeso, sem verba militar.

Causa Falsa

Você supôs que uma relação real ou percebida entre duas coisas significa que uma é a causa da outra. Uma variação dessa falácia é a "cum hoc ergo propter hoc" (com isto, logo por causa disto), na qual alguém supõe que, pelo fato de duas coisas estarem acontecendo juntas, uma é a causa da outra. Este erro consiste em ignorar a possibilidade de que possa haver uma causa em comum para ambas, ou, como mostrado no exemplo abaixo, que as duas coisas em questão não tenham absolutamente nenhuma relação de causa, e a sua aparente conexão é só uma coincidência. Outra variação comum é a falácia "post hoc ergo propter hoc" (depois disto, logo por causa disto), na qual uma relação causal é presumida porque uma coisa acontece antes de outra coisa, logo, a segunda coisa só pode ter sido causada pela primeira. Exemplo: Apontando para um gráfico metido a besta, Rogério mostra como as temperaturas têm aumentado nos últimos séculos, ao mesmo tempo em que os números de piratas têm caído; sendo assim, obviamente, os piratas é que ajudavam a resfriar as águas, e o aquecimento global é uma farsa.

Apelo à emoção

Você tentou manipular uma resposta emocional no lugar de um argumento válido ou convincente. Apelos à emoção são relacionados a medo, inveja, ódio, pena, orgulho, entre outros. É importante dizer que às vezes um argumento logicamente coerente pode inspirar emoção, ou ter um aspecto emocional, mas o problema e a falácia acontecem quando a emoção é usada no lugar de um argumento lógico. Ou, para tornar menos claro o fato de que não existe nenhuma relação racional e convincente para justificar a posição de alguém. Exceto os sociopatas, todos são afetados pela emoção, por isso apelos à emoção são uma tática de argumentação muito comum e eficiente. Mas eles são falhos e desonestos, com tendência a deixar o oponente de alguém justificadamente emocional. Exemplo: Lucas não queria comer o seu prato de cérebro de ovelha com fígado picado, mas seu pai o lembrou de todas as crianças famintas de algum país de terceiro mundo que não tinham a sorte de ter qualquer tipo de comida.

A falácia da falácia

Supor que uma afirmação está necessariamente errada só porque ela não foi bem construída ou porque uma falácia foi cometida. Há poucas coisas mais frustrantes do que ver alguém argumentar de maneira fraca alguma posição. Na maioria dos casos um debate é vencido pelo melhor debatedor, e não necessariamente pela pessoa com a posição mais correta. Se formos ser honestos e racionais, temos que ter em mente que só porque alguém cometeu um erro na sua defesa do argumento, isso não necessariamente significa que o argumento em si esteja errado. Exemplo: Percebendo que Amanda cometeu uma falácia ao defender que devemos comer alimentos saudáveis porque eles são populares, Alice resolveu ignorar a posição de Amanda por completo e comer Whopper Duplo com Queijo no Burger King todos os dias.

Ladeira Escorregadia

Você faz parecer que o fato de permitirmos que aconteça A fará com que aconteça Z, e por isso não podemos permitir A. O problema com essa linha de raciocínio é que ela evita que se lide com a questão real, jogando a atenção em hipóteses extremas. Como não se apresenta nenhuma prova de que tais hipóteses extremas realmente ocorrerão, esta falácia toma a forma de um apelo à emoção do medo. Exemplo: Armando afirma que, se permitirmos casamentos entre pessoas do mesmo sexo, logo veremos pessoas se casando com seus pais, seus carros e seus macacos Bonobo de estimação. Exemplo 2: a explicação feita após o terceiro subtítulo – "O voto divergente do ministro Ricardo Lewandowski e a ladeira escorregadia" – deste texto sobre aborto. Vale a leitura.

Ad hominem

Você ataca o caráter ou traços pessoais do seu oponente em vez de refutar o argumento dele. Ataques ad hominem podem assumir a forma de golpes pessoais e diretos contra alguém, ou mais sutilmente jogar dúvida no seu caráter ou atributos pessoais. O resultado desejado de um ataque ad hominem é prejudicar o oponente de alguém sem precisar de fato se engajar no argumento dele ou apresentar um próprio. Exemplo: Depois de Salma apresentar de maneira eloquente e convincente uma possível reforma do sistema de cobrança do condomínio, Samuel pergunta aos presentes se eles deveriam mesmo acreditar em qualquer coisa dita por uma mulher que não é casada, já foi presa e, para ser sincero, tem um cheiro meio estranho.

Tu quoque (você também)

Você evitar ter que se engajar em críticas virando as próprias críticas contra o acusador – você responde críticas com críticas. Esta falácia, cuja tradução do latim é literalmente "você também", é geralmente empregada como um mecanismo de defesa, por tirar a atenção do acusado ter que se defender e mudar o foco para o acusador. A implicação é que, se o oponente de alguém também faz aquilo de que acusa o outro, ele é um hipócrita. Independente da veracidade da contra-acusação, o fato é que esta é efetivamente uma tática para evitar ter que reconhecer e responder a uma acusação contida em um argumento – ao devolver ao acusador, o acusado não precisa responder à acusação. Exemplo: Nicole identificou que Ana cometeu uma falácia lógica, mas, em vez de retificar o seu argumento, Ana acusou Nicole de ter cometido uma falácia anteriormente no debate. Exemplo 2: O político Aníbal Zé das Couves foi acusado pelo seu oponente de ter desviado dinheiro público na construção de um hospital. Aníbal não responde a acusação diretamente e devolve insinuando que seu oponente também já aprovou licitações irregulares em seu mandato.

Incredulidade Pessoal

Você considera algo difícil de entender, ou não sabe como funciona, por isso você dá a entender que não seja verdade. Assuntos complexos como evolução biológica através de seleção natural exigem alguma medida de entendimento sobre como elas funcionam antes que alguém possa entendê-los adequadamente; esta falácia é geralmente usada no lugar desse entendimento. Exemplo: Henrique desenhou um peixe e um humano em um papel e, com desdém efusivo, perguntou a Ricardo se ele realmente pensava que nós somos babacas o bastante para acreditar que um peixe acabou evoluindo até a forma humana através de, sei lá, um monte de coisas aleatórias acontecendo com o passar dos tempos.

Alegação Especial

Você altera as regras ou abre uma exceção quando sua afirmação é exposta como falsa. Humanos são criaturas engraçadas, com uma aversão boba a estarem errados. Em vez de aproveitar os benefícios de poder mudar de ideia graças a um novo entendimento, muitos inventarão modos de se agarrar a velhas crenças. Uma das maneiras mais comuns que as pessoas fazem isso é pós-racionalizar um motivo explicando o porquê aquilo no qual elas acreditavam ser verdade deve continuar sendo verdade. É geralmente bem fácil encontrar um motivo para acreditar em algo que nos favorece, e é necessária uma boa dose de integridade e honestidade genuína consigo mesmo para examinar nossas próprias crenças e motivações sem cair na armadilha de autojustificação. Exemplo: Eduardo afirma ser vidente, mas quando as suas "habilidades" foram testadas em condições científicas apropriadas, elas magicamente desapareceram. Ele explicou, então, que elas só funcionam para quem tem fé nelas.

Pergunta Carregada

Você faz uma pergunta que tem uma afirmação embutida, de modo que ela não pode ser respondida sem uma certa admissão de culpa. Falácias desse tipo são particularmente eficientes em descarrilar discussões racionais, graças à sua natureza inflamatória – o receptor da pergunta carregada é compelido a se justificar e pode parecer abalado ou na defensiva. Esta falácia não apenas é um apelo à emoção, mas também reformata a discussão de forma enganosa. Exemplo: Graça e Helena estavam interessadas no mesmo homem. Um dia, enquanto ele estava sentado próximo suficiente a elas para ouvir, Graça pergunta em tom de acusação: "como anda a sua reabilitação das drogas, Helena"?

Ônus da Prova

Você espera que outra pessoa prove que você está errado, em vez de você mesmo provar que está certo. O ônus (obrigação) da prova está sempre com quem faz uma afirmação, nunca com quem refuta a afirmação. A impossibilidade, ou falta de intenção, de provar errada uma afirmação não a torna válida, nem dá a ela nenhuma credibilidade. No entanto, é importante estabelecer que nunca podemos ter certeza de qualquer coisa, portanto devemos valorizar cada afirmação de acordo com as provas disponíveis. Tirar a importância de um argumento só porque ele apresenta um fato que não foi provado sem sombra de dúvidas também é um argumento falacioso. Exemplo: Beltrano declara que uma chaleira está, nesse exato momento, orbitando o Sol entre a Terra e Marte e que, como ninguém pode provar que ele está errado, a sua afirmação é verdadeira.

Ambiguidade

Você usa duplo sentido ou linguagem ambígua para apresentar a sua verdade de modo enganoso. Políticos frequentemente são culpados de usar ambiguidade em seus discursos, para depois, se forem questionados, poderem dizer que não estavam tecnicamente mentindo. Isso é qualificado como uma falácia, pois é intrinsecamente enganoso. Exemplo: Em um julgamento, o advogado concorda que o crime foi desumano. Logo, tenta convencer o júri de que o seu cliente não é humano por ter cometido tal crime, e não deve ser julgado como um humano normal.

Falácia do Apostador

Você diz que "sequências" acontecem em fenômenos estatisticamente independentes, como rolagem de dados ou números que caem em uma roleta. Esta falácia de aceitação comum é provavelmente o motivo da criação da grande e luminosa cidade no meio de um deserto americano chamada Las Vegas. Apesar da probabilidade geral de uma grande sequência do resultado desejado ser realmente baixa, cada lance do dado é, em si mesmo, inteiramente independente do anterior. Apesar de haver uma chance baixíssima de um cara-ou-coroa dar cara 20 vezes seguidas, a chance de dar cara em cada uma das vezes é e sempre será de 50%, independente de todos os lances anteriores ou futuros. Exemplo: Uma roleta deu número vermelho seis vezes em sequência, então Gregório teve quase certeza de que o próximo número seria preto. Sofrendo uma forma econômica de seleção natural, ele logo foi separado de suas economias.

Ad Populum

Você apela para a popularidade de um fato, no sentido de que muitas pessoas fazem/concordam com aquilo, como uma tentativa de validação dele. A falha nesse argumento é que a popularidade de uma ideia não tem absolutamente nenhuma relação com a sua validade. Se houvesse, a Terra teria se feito plana por muitos séculos, pelo simples fato de que todos acreditavam que ela era assim. Exemplo: Luciano, bêbado, apontou um dedo para João e perguntou como é que tantas pessoas acreditam em duendes se eles são só uma superstição antiga e boba. João, por sua vez, já havia tomado mais Guinness do que deveria e afirmou que já que tantas pessoas acreditam, a probabilidade de duendes de fato existirem é grande.

Apelo à Autoridade

Você usa a sua posição como figura ou instituição de autoridade no lugar de um argumento válido. (A popular "carteirada".) É importante mencionar que, no que diz respeito a esta falácia, as autoridades de cada campo podem muito bem ter argumentos válidos, e que não se deve desconsiderar a experiência e expertise do outro. Para formar um argumento, no entanto, deve-se defender seus próprios méritos, ou seja, devesse saber por que a pessoa em posição de autoridade tem aquela posição. No entanto, é claro, é perfeitamente possível que a opinião de uma pessoa ou instituição de autoridade esteja errada; assim sendo, a autoridade de que tal pessoa ou instituição goza não tem nenhuma relação intrínseca com a veracidade e validade das suas colocações. Exemplo: Impossibilitado de defender a sua posição de que a teoria evolutiva "não é real", Roberto diz que ele conhece pessoalmente um cientista que também questiona a Evolução e cita uma de suas famosas falas. Exemplo 2: Um professor de matemática se vê questionado de maneira insistente por um aluno especialmente chato. Lá pelas tantas, irritado após cometer um deslize em sua fala, o professor argumenta que tem mestrado pós-doutorado e isso é mais do que suficiente para o aluno confiar nele.

Composição/Divisão

Você implica que uma parte de algo deve ser aplicada a todas, ou outras, partes daquilo. Muitas vezes, quando algo é verdadeiro em parte, isso também se aplica ao todo, mas é crucial saber se existe evidência de que este é mesmo o caso. Já que observamos consistência nas coisas, o nosso pensamento pode se tornar enviesado de modo que presumimos consistência e padrões onde eles não existem. Exemplo: Daniel era uma criança precoce com uma predileção por pensamento lógico. Ele sabia que átomos são invisíveis, então logo concluiu que ele, por ser feito de átomos, também era invisível. Nunca foi vitorioso em uma partida de esconde-esconde.

Nenhum Escocês de Verdade

Você faz o que pode ser chamado de apelo à pureza como forma de rejeitar críticas relevantes ou falhas no seu argumento. Nesta forma de argumentação falha, a crença de alguém é tornada infalsificável porque, independente de quão convincente seja a evidência apresentada, a pessoa simplesmente move a situação de modo que a evidência supostamente não se aplique a um suposto "verdadeiro" exemplo. Esse tipo de pós-racionalização é um modo de evitar críticas válidas ao argumento de alguém. Exemplo: Angus declara que escoceses não colocam açúcar no mingau, ao que Lachlan aponta que ele é um escocês e põe açúcar no mingau. Furioso, como um "escocês de verdade", Angus berra que nenhum escocês de verdade põe açúcar no seu mingau.

Genética

Você julga algo como bom ou ruim tendo por base a sua origem. Esta falácia evita o argumento ao levar o foco às origens de algo ou alguém. É similar à falácia ad hominem no sentido de que ela usa percepções negativas já existentes para fazer com que o argumento de alguém pareça ruim, sem de fato dissecar a falta de mérito do argumento em si. Exemplo: Acusado no Jornal Nacional de corrupção e aceitação de propina, o senador disse que devemos ter muito cuidado com o que ouvimos na mídia, já que todos sabemos como ela pode não ser confiável.

Preto-ou-branco

Você apresenta dois estados alternativos como sendo as únicas possibilidades, quando de fato existem outras. Também conhecida como falso dilema, esta tática aparenta estar formando um argumento lógico, mas sob análise mais cuidadosa fica evidente que há mais possibilidades além das duas apresentadas. O pensamento binário da falácia preto-ou-branco não leva em conta as múltiplas variáveis, condições e contextos em que existiriam mais do que as duas possibilidades apresentadas. Ele molda o argumento de forma enganosa e obscurece o debate racional e honesto. Exemplo: Ao discursar sobre o seu plano para fundamentalmente prejudicar os direitos do cidadão, o Líder Supremo falou ao povo que ou eles estão do lado dos direitos do cidadão ou contra os direitos.

Tornando a Questão Supostamente Óbvia

Você apresenta um argumento circular no qual a conclusão foi incluída na premissa. Este argumento logicamente incoerente geralmente surge em situações onde as pessoas têm crenças bastante enraizadas, e por isso consideradas verdades absolutas em suas mentes. Racionalizações circulares são ruins principalmente porque não são muito boas. Exemplo: A Palavra do Grande Zorbo é perfeita e infalível. Nós sabemos disso porque diz aqui no Grande e Infalível Livro das Melhores e Mais Infalíveis Coisas do Zorbo Que São Definitivamente Verdadeiras e Não Devem Nunca Serem Questionadas. Exemplo 2: O plano estratégico de marketing é o melhor possível, foi assinado pelo Diretor Bam bam.

Apelo à Natureza

Você argumenta que só porque algo é "natural", aquilo é válido, justificado, inevitável ou ideal. Só porque algo é natural, não significa que é bom. Assassinato, por exemplo, é bem natural, e mesmo assim a maioria de nós concorda que não é lá uma coisa muito legal de você sair fazendo por aí. A sua "naturalidade" não constitui nenhum tipo de justificativa. Exemplo: O curandeiro chegou ao vilarejo com a sua carroça cheia de remédios completamente naturais, incluindo garrafas de água pura muito especial. Ele disse que é natural as pessoas terem cuidado e desconfiarem de remédios "artificiais", como antibióticos.

Anedótica

Você usa uma experiência pessoal ou um exemplo isolado em vez de um argumento sólido ou prova convincente. Geralmente é bem mais fácil para as pessoas simplesmente acreditarem no testemunho de alguém do que entender dados complexos e variações dentro de um continuum. Medidas quantitativas científicas são quase sempre mais precisas do que percepções e experiências pessoais, mas a nossa inclinação é acreditar naquilo que nos é tangível, e/ou na palavra de alguém em quem confiamos, em vez de em uma realidade estatística mais "abstrata". Exemplo: José disse que o seu avô fumava, tipo, 30 cigarros por dia e viveu até os 97 anos — então não acredite nessas metas análises que você lê sobre estudos metodicamente corretos provando relações causais entre cigarros e expectativa de vida.

O Atirador do Texas

Você escolhe muito bem um padrão ou grupo específico de dados que sirva para provar o seu argumento sem ser representativo do todo. Esta falácia de "falsa causa" ganha seu nome partindo do exemplo de um atirador disparando aleatoriamente contra a parede de um galpão, e, na sequência, pintando um alvo ao redor da área com o maior número de buracos, fazendo parecer que ele tem ótima pontaria. Grupos específicos de dados como esse aparecem naturalmente, e de maneira imprevisível, mas não necessariamente indicam que há uma relação causal. Exemplo: Os fabricantes da bebida gaseificada Coca com açúcar apontam pesquisas que mostram que, dos cinco países onde a Coca com açúcar é mais vendida, três estão na lista dos dez países mais saudáveis do mundo, logo, Coca com açúcar é saudável.

Meio-termo

Você declara que uma posição central entre duas extremas deve ser a verdadeira. Em muitos casos, a verdade realmente se encontra entre dois pontos extremos, mas isso pode dar viés ao nosso pensamento: às vezes uma coisa simplesmente não é verdadeira, e um meio termo dela também não é verdadeiro. O meio do caminho entre uma verdade e uma mentira continua sendo uma mentira. Exemplo: Mariana disse que a vacinação causou autismo em algumas crianças, mas o seu estudado amigo Calebe disse que essa afirmação já foi derrubada como falsa, com provas. Uma amiga em comum, a Alice, ofereceu um meio-termo: talvez as vacinas causem um pouco de autismo, mas não muito.

Apelo ao Ridículo

Ridicularizar um argumento como forma de derrubá-lo. Exemplo: Se a teoria da evolução fosse verdadeira, significaria que o seu tataravô seria um gorila.

Apelo à Força

Utilização de algum tipo de privilégio, força, poder ou ameaça para impor a conclusão. Exemplo: Acredite no que eu digo, não se esqueça de quem é que paga o seu salário.

Apelo à Riqueza

Essa falácia é a de acreditar que dinheiro é fator de estar correto. Aqueles mais ricos são os que provavelmente estão certos. Exemplo: O Barão é um homem vivido e conhece como as coisas funcionam. Se ele diz que é bom, há de ser.

Argumentum Ad Lapidem

Desqualificar uma afirmação como absurda, mas sem provas. Exemplo: João, ministro da educação, é acusado de corrupção e defende-se dizendo: "Esta acusação é um disparate". Baseado em quê?

Repetição Nauseante

É a aplicação da repetição constante e a crença incorreta de que, quanto mais se diz algo, mais correto está. Exemplo: Se Joãozinho diz tanto que sua ex-namorada é uma mentirosa, então ela é.

Causa Diminuta

Apontar uma causa irrelevante. Exemplo: Vocês discutem quem tem direito ao título de "doutor", enquanto tem gente passando fome. Bônus: Teoria irrefutável: Informar um argumento com uma hipótese que não pode ser testada. Exemplo 1: Ganhei na loteria porque estava escrito no livro do destino. Exemplo 2: Tal teoria científica não pode estar errada porque já foi comprovada, logo, não pode ser mais testada.

Sofisma ou Sofismo

(do Grego Antigo σόφισμα -ατος, Derivado de σοφίξεσθαι "fazer raciocínios capciosos") em filosofia, é um raciocínio ou falácia se chama a uma refutação aparente, refutação sofística e a um silogismo aparente, ou silogismo sofístico, mediante os quais se quer defender algo falso e confundir o contraditor. Não devemos confundir os sofismas com os paralogismos: os primeiros procedem da má fé, os segundos, da ignorância.

Silogismo

(do grego antigo συλλογισμός, transl.syllogismós, 'conexão de ideias', 'raciocínio', composto pelos termos σύν, transl. syn, 'com', e λογισμός, 'cálculo' e, por extensão, 'raciocínio', pelo latim syllogismus) é um termo filosófico com o qual Aristóteles designou a conclusão deduzida de premissas, a argumentação lógica perfeita. É um argumento dedutivo constituído de três proposições declarativas (duas premissas e uma conclusão) que se conectam de tal modo que, a partir das duas primeiras (as premissas), é possível deduzir uma conclusão.

Paralogismo

(do grego antigo παραλογισμός, palavra composta do prefixo παρά-pará, expressando oposição ou desvio, e λογισμός, logismós, 'raciocínio: 'falso raciocínio',) é um argumento ou raciocínio falaz, ou seja, falso, embora possa ter a forma de um silogismo e a aparência de verdade. Para alguns, o paralogismo é um tipo de sofisma; para outros, não é, pois entendem que sofisma é um raciocínio que simula estar de acordo com as regras da lógica, com a finalidade de produzir a ilusão da verdade e iludir o antagonista, enquanto o paralogismo é um raciocínio falso que se estabelece involuntariamente, não de má fé, isto é, não intencionalmente produzido para enganar.

As Melhores Mídias Sociais e Redes Sociais Para A Democracia Ciborgue

Basicamente temos a estrutura modelo Hidra da Lerna, com várias cabeças, do Google para utilizar serviços para a prática da democracia direta e ciborgue e também o Twitter, a rede social modelo ciclope.

Como usar cada uma delas.

Google

O Google é um arsenal enorme de recursos para a democracia direta e principalmente para a democracia ciborgue.

Você deve começar utilizando o Youtube com lives, para você apresentar seus projetos caso seja eleito, sempre fazendo o personagem do honrado Samurai, seguindo o código de ética do Bushido japonês.

Enquanto isso seus mercenários, no caso os influenciadores , enquanto você é o "policial bom" devem fazer o papel do "policial ruim", também em lives no Youtube, usando Maquiavel e Sun Tzu, principalmente para atacar seus adversários diretos, sejam eles políticos, valores ou conceitos.

Ainda você terá os outros mercenários, os programadores, inflando a audiência do Youtube com milhares de "bots", os quais aumentam a monetização de seus influenciadores digitais e atraem mais audiência pelo "efeito manada". Eles também farão a divulgação das lives, através de bots, nas principais redes sociais.

Seus sponsors políticos, não oficiais, responsáveis pela contratação dos mercenários digitais, poderão, através do chat das lives, fazer doações através de cartões de crédito pré-pagos, para pagar os influenciadores, esquentando o dinheiro e não deixando rastros de financiamento de campanha.

Já os mercenários programadores serão pagos via criptomoedas pelos seus sponsors não oficiais.

Os blogs dos seus mercenários digitais precisarão ser divulgados pelos ads e adsense do google, em anúncios em canais indicados pela sua agência de marketing digital e deverão ser patrocinados no Search, do Google, o buscador, para aparecerem sempre no começo das pesquisas, em assuntos definidos pela sua agência de marketing.

O Google ainda oferece uma série de recursos mais, de propaganda que poderão ser explorados pela sua agência de marketing digital, mas nunca diretamente por você, mas pelos seus sponsors, direcionando campanhas para seu público-alvo, através de seus influenciadores digitais mercenários.

Não se preocupe com o anonimato, pois o Google investe pesadamente na proteção do anonimato de seus clientes e usuários, utilizando poderosos e caros escritórios de advocacia, como vocês puderam observar recentemente nos casos da vereadora Marielle e do miliciano Adriano Nóbrega. O Google irá até o STF e usará os famosos acordos de cooperação judicial internacional (MLATs) , que nada mais são que um formulário digital, onde a justiça brasileira registra suas solicitações, que são julgadas sobre a ótica da lei norte americana, com prazos de prescrição extremamente curtos, geralmente nunca sendo resolvidos em tempo hábil.

Este é o Google, uma das maiores armas da democracia dircta e democracia ciborgue.

Twitter

O Twitter é basicamente uma rede social para microblogging, ou seja: conversas curtas e grossas. Além disso é a rede social preferida pela democracia ciborgue justamente pelo "descaso" dela com leis nacionais e ética, começando na aplicação de suas próprias políticas e regras que são apenas para "inglês ver" e só aplicadas para "desafetos" da rede social.

Recomendo a leitura de meu livro "Os Gorjeios Macabros da Rede Social do Pássaro Azul", para conhecer profundamente a rede social da alt-right e da extrema direita fundamentalista global.

Mas o fato é que as poucas exigibilidades e facilidade de uso das ferramentas de integração do Twitter, aliadas a facilidade de criar perfis anônimos, em menos de um minuto, sem usar automações, facilita em muito o acesso a esta rede social.

Além disso a complacência com o anonimato criminoso inconstitucional e com os crimes virtuais, segundo as leis brasileiras, cometidos por anônimos na plataforma da rede social, tornam o Twitter o principal campo de batalha da ciborgue.

O Twitter foi nos anos Trump e ainda é, a principal rede social de propagação da pós-verdade: Negacionismo, Fake News, Teorias Conspiratórias etc. além de práticas de crimes virtuais com cyberstalking, cyberbullying, doxing, lawfare, difamações, calúnias, injúrias além de distribuição de documentos oficiais sigilosos do governo e da justiça brasileiras. Lá é um autêntico "Vale Tudo" em termos da guerra política.

E não se preocupe com a lei, pois o Twitter, como o Google, utiliza grandes e caros escritórios de advocacia e pasmem, o Twitter não tem personalidade jurídica legal no Brasil, já que os advogados alegam na defesa, que o Twitter Brasil não tem nenhuma relação com a rede social, portanto qualquer ação legal contra a rede social deve ser feita diretamente nos EUA, ou então via acordos de cooperação judicial internacional (MLATs), que geralmente acabam prescritos ou negados.

Deste modo seus mercenários digitais, influencers e programadores, trabalharão muito na plataforma do Twitter em campanhas não éticas, ao passo que sua agência de marketing digital usara as integrações digitais para as medições das dos resultados das ações de campanhas virtuais.

O Twitter oferece também as suas bolhas de filtro e câmaras de eco, ou seja, os dados de seus usuários sem identificá-los, características, gostos, religião, etnia, preconceitos, preferências, faixa etária, gênero etc. com suas inteligências artificias, para que sua agência de marketing digital possa direcionar ações de marketing praticamente personalizadas para seu público-alvo eleitoral, falando o que eles querem ouvir de você. Isso através de seu perfil no Twitter para as ações honradas, as "Bushido" e para seus mercenários influenciadores digitais, para as sem ética na linha Maquiavel e Sun Tzu.

É imprescindível que seu perfil seja verificado pelo Twitter antes do início da campanha. Pelos caminhos formais o Twitter joga pesado no intuito de não verificar perfis. Porém você pode utilizar sua agência de marketing digital ou algum assessor de imprensa, com acesso direto dentro do Twitter Brasil, que conseguirá facilmente "dar um jeitinho", mesmo o Twitter Brasil não tendo nenhuma relação com a rede social nos EUA, segundo seus próprios advogados.

Vocês viram pela defesa com "unhas e dentes" do Twitter pelos perfis anônimos criminosos de sua rede, principalmente o sockpuppet Dex e o Troll Leon Leitadas, na CPMI das Fake News e na CPMI da Covid.

O Twitter joga muito pesado para não entregar seus preciosos anônimos criminosos a justiça, portanto não se preocupe, o Twitter só entrega a justiça as vítimas deles, principalmente quando se trata de uma armação de um lawfare, aí basta apenas um e-mail, do delegado da delegacia de crimes digitais e os dados do usuário estarão na caixa de correio do e-mail dele em minutos. Mas quando é para proteger anônimos criminosos o Twitter "peita" até STF.

O Twitter é uma das principais armas, senão a principal, da democracia ciborgue e a rede social sabe disso.

O CEO e sócio ainda acionista do Twitter, Jack Dorsey, tem uma empresa de bitcoins chamada Square Cash App ((https://cash.app/), a qual seus sponsors podem utilizar para remunerar seus mercenários digitais.

Peroração

Este foi o " Curso de Política Pela Internet Para Candidatos e Eleitores", onde "os fins justificam os meios". Estas técnicas e práticas são comprovadas pela realidade, basta ver que elas elegeram verdadeiros imbecis psicopatas como Trump, Bolsonaro e muitos outros mais pela Europa.

Aqui não tratei de questões de ética, apenas de política, pois minhas opiniões pessoais críticas, sobre as mídias sociais, são públicas em meu site www.lorenzetti.info e em meus livros, que você pode conhecer no meu site.

Recomendo que leia todos os meus livros e se torne um "especialista em mídias sociais", pois é através delas que a oligarquia econômica global comanda as pessoas, a economia e a política.

Seja você candidato ou eleitor pelo menos, tenha a chance jogar com todos os recursos possíveis para ser eleito ou então não ser apenas "gado" de políticos, no caso de você ser um eleitor.

O mundo digital é este e daqui para frente as coisas só vão piorar, portanto recomendo também que leia meu livro prevendo um futuro distópico: "O mundo assombrado pela internet: as redes sociais trazendo uma nova era das trevas para a humanidade", pela editora Dialética.